SECONDE LETTRE

A UN MEMBRE

DE LA CHAMBRE DES DÉPUTÉS,

SUR LE BUDGET

DE LA CHAMBRE DES PAIRS.

Paris, 29 mai 1819.

MONSIEUR,

La discussion qui a eu lieu dans votre Chambre au sujet du budget de la Chambre des Pairs, m'a démontré que sa situation financière n'a pas été bien saisie par les honorables Opinants.

En effet, on a paru hésiter sur l'accord des 13,24,000 fr. en 5 pour 100 consolidés, pour lesquels cette Chambre, regardée comme héritière de l'ancien Sénat, est inscrite sur le grand-livre de la dette publique. Il faut à cet égard bien s'entendre.

L'Ordonnance du 4 juin 1814 fait titre. Le Roi exerçoit alors une vraie dictature, il constituoit les pouvoirs de la société; lorsque j'entends un de ces pouvoirs manifester des alarmes sur les entreprises d'un autre, je rétorque l'argument, et je gémis de me trouver sur un terrain mal affermi.

Le Roi, il ne faut pas craindre de mettre ici en avant ce nom auguste, parcequ'il n'y est placé que génériquement; le Roi, lors de la restauration, s'est trouvé ressaisi, par l'évènement seul, de sa toute-puissance, il a pu l'exercer dans son intérêt et dans celui de la société. Il a voulu la reconstruire sur des bases qui offrissent une grande solidité, il s'est servi à cet effet des matériaux les plus propres à la garantir. Il y en avoit d'anciens et de nouveaux. Par l'heureux mélange des uns et des autres, il a élevé un édifice social que les passions exaspérées des partis peuvent seules ébranler et renverser.

L'évènement importe peu au fait; qui a jusqu'ici rien prévu, qui peut rien prévoir? L'astrologie judiciaire l'a peut-être emporté dans les temps anciens sur les prédictions de nos plus profonds politiques du temps présent.

Pour moi, qui vais, tant que je le puis, terre à terre, et qui vis au jour le jour, et qui ai été témoin d'un si grand nombre d'espérances déchues, de pronostics avortés, de prédictions dérisoires, je prends les choses dans l'état où je les trouve, et afin de me renfermer dans le cercle que je me suis tracé dans cette correspondance, je vous dirai tout simplement, même si vous le voulez, dans mon intérêt privé, qu'il est dû à chaque ancien sénateur une pension de 36 mille francs par an; ils sont tous vieux, ils n'ont donc pas long-temps à en jouir, encore est-il juste qu'ils finissent leurs derniers jours en paix, car depuis quatre à cinq ans on s'est assez évertué à leurs dépens; ceux mêmes à qui on pourroit dire, comme le disoit le renard à l'égard des raisins qu'il convoitoit, se sont les moins gênés. Je reviens au fait, il est dû à chaque ancien sénateur 36 mille francs de pension par an. On ne peut la leur payer avec rien, il faut donc faire fonds d'une somme équivalente aux besoins. C'est dans ce sens qu'on a demandé pour 1819.

1° Les 13,24,000 fr. de rentes sur le grand-livre.

2° Un crédit de 2,000,000 fr.

3° Les 230,000 fr. à-peu-près de revenus provenant des sénatoreries.

Total. . . 3,554,000 fr.

Cette somme peut, je crois, suffire pour 1819, parceque les anciens sénateurs consentent à ne toucher encore, pendant cette année, que

24,000 fr. de pension. Ils auront fait abandon pendant cinq ans de 12,000 fr. par an : il me semble que ce sacrifice qui se monte à 60 mille fr. est tout ce qu'il est raisonnable d'exiger d'eux.

Ainsi, sans approfondir des questions spéculatives qui pourront se traiter avec plus de succès dans d'autres temps, je maintiens que ce seroit faire une abstraction d'idées positives, que de ne pas faire les fonds d'une somme reconnue indispensable pour nous payer, cette année, nos pensions sur le pied de 24,000 francs, puisque nous nous en contentons, plus celles des veuves des anciens sénateurs ; enfin les dépenses auxquelles est obligée la Chambre des Pairs, 1° comme pouvoir législatif et judiciaire ; 2° comme conservatrice de l'un des monuments qui contribue le plus à l'ornement de la capitale du Royaume, et aux jouissances de ses habitants et du voyageur.

J'ai l'honneur d'être avec une entière considération.

Comte DE CORNET.

DE L'IMPRIMERIE DE P. DIDOT, L'AINÉ,
CHEVALIER DE L'ORDRE ROYAL DE SAINT-MICHEL,
IMPRIMEUR DU ROI ET DE LA CHAMBRE DES PAIRS,
Rue du Pont-de-Lodi, n° 6.

PROCÈS

COMPLET

DE M. DE PRADT.

Ouvrages de M. DE PRADT, *qui se trouvent chez les mêmes Libraires.*

1°. Les quatre Concordats, suivis de considérations sur le Gouvernement de l'Église en général, et sur l'Eglise de France en particulier, depuis 1515, 3 vol. in-8°, 18 fr.

2°. Des Colonies, de la Révolution actuelle de l'Amérique, 2 vol. in-8°, RARE, 15 fr.

3°. Les trois derniers mois de l'Amérique méridionale et du Brésil, 2e édit., revue, corrigée et augmentée, 1 vol. in-8°, 3 fr.

4°. Les six derniers mois de l'Amérique et du Brésil, faisant suite aux deux Ouvrages ci-dessus sur les Colonies, 1 vol. in-8°, 4 fr. 50 c.

5°. Pièces relatives à Saint-Domingue et à l'Amérique, 1 vol. in-8°, 3 fr.

6°. Antidote au Congrès de Rastadt, suivi de la Prusse et de sa neutralité, nouv. édit., 1 gros vol. in-8°, 8 fr.

7°. Lettre à un électeur de Paris, 1 vol. in-8°, 3 fr.

8°. Préliminaires de la session de 1817, 1 vol. in-8°, 3 fr. 50.

9°. Des Progrès du Gouvernement représentatif en France, in-8°, 1 fr. 25 c.

10°. L'Europe après le Congrès d'Aix-la-Chapelle, faisant suite au Congrès de Vienne, 2e édit., 1 vol. in-8°, 6 fr.

11°. Mémoire historique sur le Révolution d'Espagne, 1 vol. in-8°, 7 fr.

12°. Récit historique sur la Restauration de la royauté en France le 31 mars 1814, un vol. in-8°, 2 fr.

13°. Congrès de Carlsbad, première partie, in-8°, 2 fr.

14°. Congrès de Carlsbad, seconde partie, in-8°, 4 fr.

15°. État de la Culture en France, 2 vol. in-8°, 10 fr.

16°. Petit Catéchisme à l'usage des Français, sur les affaires de leur pays, 2e édit., 1 volume in-8°, 3 fr. 50 c.

17°. Suite des quatre Concordat, 1 vol. in-8°, 4 fr. 50 c.

18°. De la Révolution actuelle de l'Espagne, 1 vol. in-8°, 4 fr. 50 c.

19°. De l'Affaire de la Loi des élections, faisant suite au Petit Catéchisme, 1 vol. in-8°. (*rare*), 7 fr.

Ces Ouvrages se trouvent aussi à Bruxelles, chez LECHARLIER, *Libraire.*

PROCÈS
COMPLET
DE M. DE PRADT,

ANCIEN ARCHEVÊQUE DE MALINES,

Auteur de l'Ouvrage intitulé : DE L'AFFAIRE DE LA LOI DES ÉLECTIONS.

CONTENANT :

Une Introduction, l'Instruction préparatoire, l'Arrêt de renvoi devant la Cour d'Assise et les passages inculpés, les Débats, les Réquisitoires de M. l'avocat-général, le Discours de M. de Pradt, le Plaidoyer et la Réplique de Me Dupin aîné, avocat de M. de Pradt; le Plaidoyer de Me Moret, avocat de M. Béchet; la Déclaration du Jury et l'Ordonnance d'acquittement.

A PARIS,

CHEZ BÉCHET AINÉ, LIBRAIRE-ÉDITEUR,

QUAI DES AUGUSTINS, N° 57.

ET A ROUEN,

CHEZ BÉCHET FILS, LIBRAIRE,

RUE GRAND-PONT, N° 73.

1820.

LE PORTRAIT DE M. DE PRADT,

très ressemblant, dessiné et gravé avec soin, par M. Ambroise TARDIEU, se vend chez BÉCHET aîné, libraire, quai des Augustins, nº 57; et chez l'Auteur, rue du Battoir-Saint-André, nº 12. Prix : 1 fr. 50 c. sur papier vélin satiné. Il est de grandeur à pouvoir entrer dans les Œuvres de ce grand publiciste, et fait partie de la Collection des Portraits des Députés, Écrivains et Pairs constitutionnels, que publie le même artiste, et dont il paraît déjà 12 livraisons, de quatre Portraits chacune. Prix : 5 fr. la livraison; on les trouve aussi chez Béchet.

DE L'IMPRIMERIE DE HUZARD-COURCIER,

RUE DU JARDINET, Nº 12.

PROCÈS COMPLET DE M. DE PRADT.

INTRODUCTION.

Depuis quelques mois, les causes relatives aux délits de la presse se sont multipliées, et les tribunaux n'ont pas cessé de retentir de ces débats, dont l'utilité n'égale pas toujours le bruit; qui souvent ont l'inconvénient de donner de la publicité à ce qu'il serait bon de cacher; qui placent un danger pour la société dans des paroles ou des assertions qui souvent, sans cela, resteraient inaperçues du monde entier; qui, dans l'état actuel de la société, ne sont propres à exciter aucun mouvement, ni à produire aucun effet; ces accusations portent avec elles l'inconvénient vraiment effrayant pour les membres de la société, de faire dépendre les intérêts les plus précieux des citoyens d'interprétations dans lesquelles toujours il entre nécessairement un peu d'arbitraire, et dont, par la composition actuelle du jury, la décision finale est remise à des hommes dont l'équité naturelle peut n'être pas secondée par le genre d'études, de connaissances et de pratiques qui rend propre à discerner ce qui peut se trouver de réel dans un écrit, comme à faire avec justice le partage entre le bien et le mal.... C'est ce que l'on a vu dans les causes de la souscription dite nationale, de la municipalité de Toulon, contre M. de Jouy, membre de l'Académie, de M. Cauchois-Lemaire, de M. Bousquet, et d'un grand nombre d'autres causes... Beaucoup ont échappé à la condamnation; celles-ci, en se répétant, affectent plus désagréablement le public, et lorsque déjà beaucoup de retraits se trouvent, par les lois mêmes, imposés à la libre manifestation de la pensée, il est naturel que le public désire plus de sobriété dans ces condamnations, car alors chaque jugement menace ou atteint en quelque point chaque particulier.

Les choses en étaient là lorsque l'ouvrage de Mgr l'archevêque de Malines, sur l'affaire des élections, fut déféré aux tribunaux. Le public a été imbu de l'idée que des ordres directs du ministère avaient mis en action les magistrats; que des mesures de rigueur avaient dû être proposées contre l'auteur ; que l'effet en avait été prévenu par les représentations des chefs du clergé ; tout cela peut être ou n'être pas ; aujourd'hui, il importe peu de le connaître ; s'en informer, tenait alors à l'active et inquiète curiosité qui porte à rechercher les principes et les auteurs des évènemens publics, et à l'état actuel des sociétés dans lesquelles un grand nombre d'hommes ont le goût des affaires publiques, et du temps à leur donner.

La saisie d'un ouvrage de M. de Pradt devint un évènement. Ce résultat conduisait à la Cour d'assises un archevêque, spectacle nouveau, un auteur qui, dans vingt ouvrages, avait évité les écueils de la liberté des opinions et de la franchise des paroles. — Il règne en général en France un double langage, l'un naturel et l'autre artificiel, et comme officiel : c'est un *argot* né au sein des violences de la révolution ; le besoin de la sûreté l'a fait naître ; l'intérêt l'a maintenu ; la transportation rapide du pouvoir d'une main à une autre l'a montré comme une sauve-garde ; on a voulu préparer des excuses à l'avenir, et tel affirme *devant* l'existence du bonheur, qui *derrière* déplore ou prédit des malheurs.... M. de Pradt a signalé plusieurs fois cette hypocrisie du langage, et ne peut être accusé d'en avoir usé à son profit.... Il a dit ce qu'il a cru être la vérité, à tous et sur tout.... Il a parlé du présent comme du passé, et quelquefois l'avenir a entr'ouvert devant lui ses sombres profondeurs. Tout avait bien été jusque-là ; mais comme il n'est pas de bonheur durable, il a fallu arriver au bord de l'abyme commun, et recevoir un coup semblable à celui qui avait frappé tant d'autres.

L'ouvrage sur l'affaire des élections fut composé à cent lieues de Paris, avec une extrême rapidité, à la chaleur de la plus vive discussion qui ait animé aucune des assemblées délibérantes depuis 1789 : quelques étincelles de ce feu tombèrent sur le bureau de l'auteur ; il était malade ; temps fâcheux pour écrire ; pressé par l'empire des circonstances, autre inconvénient ; l'impression se poursuivait à Paris, sans possibilité de révision dans un mouvement accéléré, sans correction personnelle des épreuves imprimées ; les troubles de Paris éclatèrent ; les peintures les plus enflammées remplirent les contrées qu'habitait M. de Pradt. A Paris, on juge très imparfaitement les impressions que les faits ou les opinions de Paris produisent sur les provinces ; Paris et celles-ci s'ignorent également, et il serait assez difficile de dire à qui de Paris ou des provinces, appartient, sur leur position mutuelle, la plus grande somme d'erreurs. — Ce qui est bien certain, quant au fait présent, c'est que M. de Pradt avait la pleine et entière conviction que la prolongation des troubles de Paris, n'eussent-ils continué que trois jours encore, donnait dans les contrées qu'il habitait alors, et qu'il connaît très bien, ouverture à une perturbation populaire, dont aucun pouvoir ne peut diriger, arrêter le flot ni guérir les ravages : *quelques fusillés*, à la suite de l'ouragan, ne guérissent pas les victimes qu'il a fait; et puisque M. de Pradt a acquis à ses dépens le droit de parler clair, sans cet argot si cher et si propice à tant d'autres, il dira qu'il a toujours pensé, qu'à titre *de prêtre et de noble,* malgré son libéralisme, il avait un double tribut à payer à ces perturbations, et qu'il ne lui était pas plus réservé d'en éviter le paiement, que celui qu'il a été sommé d'acquitter à la Cour d'assises.

C'est sous ces inspirations que M. de Pradt avait écrit. M. Savoye-Rollin avait dit : J'ai voté pour éviter la guerre civile. Eh bien ! M. de Pradt avait écrit pour éviter quelque chose de pis que la guerre civile, une perturbation populaire; car M. de Pradt n'est pas assez dénué de sens pour croire à la possibilité d'une guerre civile en France; mais il croit et beaucoup, à celle des perturbations populaires, malheur ignoble, plus fatal que celui des guerres civiles, qui tout hideuses et funestes qu'elles soient, cependant peuvent n'être pas dépourvues, comme l'atteste l'Histoire, de quelque dignité, ni s'opposer au développement de hauts caractères, et même de vertus, dont il faut déplorer l'emploi, mais ne pas méconnaître l'existence. Pendant qu'on accusait à Paris M. de Pradt d'exciter à la guerre civile, il employait dans son pays ses moyens d'influence pour prévenir ces perturbations qui lui inspirent un si légitime effroi. Il en a été victime en 1789 et en 1792 : il n'a pas la moindre envie de se retrouver vis-à-vis d'elles en 1820 et années suivantes. A Paris on est à l'abri de tout cela, et l'on juge les autres comme s'ils y étaient aussi.

L'ouvrage parut le 15 juillet : l'auteur accusait la lenteur de l'imprimeur ; il avait espéré paraître avant la sanction de la loi. A la seule inspection de l'ouvrage, on le juge ouvrage de circonstance, surtout dans sa partie inculpée. La partie permanente précède celle-ci : c'est celle qui traite de l'aristocratie, sujet neuf, tableau vrai, tracé avec des égards et des ménagemens auxquels l'*aristocratie* n'est pas accoutumée, et qu'elle-même n'emploie guère. Les chapitres de la législation, de la royauté, de l'initiative, du ministère, de la dynastie, du gouvernement occulte, forment le corps de l'ouvrage, et dénotent les intentions de l'auteur avec une évidence qu'il croyait capable de faire éprouver aux autres le même sentiment qu'il éprouvait lui-même en les traçant. Jamais il n'avait écrit avec plus de cette sécurité qui naît du sentiment de l'innocence des intentions. Le chapitre de la dynastie tout seul, devait servir comme de paratonnerre à son ouvrage, et à ce qui pouvait s'y rencontrer de défectueux : il devait être protecteur pour lui comme il l'est, s'il n'y a pas de témérité à s'exprimer ainsi, pour la dynastie elle-même : car jamais rien de plus vrai, de plus formel, de plus salutaire pour elle n'a encore été écrit, et quand M. de Pradt le composait avec autant de rapidité que de vérité, et de désir de servir, il tendait à ramener les esprits étrangement égarés de tous les côtés sur cette question. Le chapitre sur le gouvernement occulte fut composé dans la même intention. M. de Pradt saisit cette occasion de rendre une éclatante justice aux illustres victimes d'une des plus horribles déceptions dont le souvenir ait souillé l'Histoire : il a voulu fixer le jugement de la postérité sur ce fait historique ; il a bravé, pour le faire, la défaveur attachée à contrarier l'opinion d'un parti dans un moment donné ; il a montré par là son impartialité; mais le système des compensations n'existe pas en sa faveur, et il ne lui est pas plus donné de faire reconnaître le sens de ce qu'il écrit en 1820, que le prix de ce qu'il faisait en 1814, lorsque pendant trois mois il exposa sa vie pour amener la restauration que l'état de son pays lui montrait indispensable, pas plus qu'il n'a été tenu compte pour lui des exils et du dépouillement que lui valut le 20 mars 1820.

Quand les passions seront calmées, quand dans son action continue, le temps aura placé l'ouvrage de M. de Pradt dans ce lointain qui donne la perspective véritable des objets, on s'étonnera de la facilité avec laquelle on l'a incriminé, *de provocation à la désobéissance aux lois, d'attentat formel à l'autorité constitutionnelle du Roi et des Chambres, et d'excitation à la guerre civile :* ce sont trois grandes choses que ces crimes : il faut beaucoup d'imprudence ou de perversité pour y penser et pour en provoquer les redoutables résultats sur soi comme sur les autres, il faut être bien puissant pour en attendre quelque chose : souvent pour savoir ce que veut un homme, surtout s'il est doué de quelque sens, il serait bon de commencer par demander ce qu'il peut, et ce serait dans son pouvoir réel, encore plus que dans ses paroles mêmes, que l'on en trouverait le sens. L'Histoire se trouvera parfaitement d'accord avec la Cour d'assises, sur la nature de l'ouvrage de M. de Pradt, et, confirmant son jugement, elle maintiendra qu'il ne contenait rien de ce qui l'a fait traduire devant les tribunaux. Quelques phrases chaleureuses, quelques expressions despectueuses pour des choses peu recommandables, quelques coups de pinceau trop vrais pour n'être pas ressentis vivement, mais placés à côté de l'expression du respect pour tout ce que le devoir prescrit de respecter, a côté même des ménagemens offerts à ceux que l'on frappe d'une main, en les relevant de l'autre, ne constituent pas les crimes qui exposent un citoyen dont l'existence tout entière est comme une protestation continuelle contre la possibilité de ces mêmes crimes, à subir la perte de l'honneur, de la liberté, de tout ce qui constitue l'existence honorable dans un monde civilisé. En voyant la légèreté et la dureté avec laquelle les hommes se traitent mutuellement, on trouve que la société vend cher ses avantages, et l'on se demande quels dédommagemens elle a préparés à ceux qu'elle fait descendre d'un haut rang, sur un banc d'accusé, auxquels elle demande la suspension de leur considération sociale, qu'elle menace de la perte de la liberté, qu'elle expose aux regards du public, qu'elle accuse à son de trompe, et qu'elle laisse justifier avec les ciseaux de la censure (1); qui entendent leur nom dans toutes les bouches, qui perdent pendant un long espace de temps le repos de l'esprit et du corps, qui ont à parcourir de longues distances pour arriver à obtenir la faculté de continuer à parcourir librement les rues, et qui en cas de plainte, peuvent encore être accusés de manquer au respect.

Voilà ce que vient d'éprouver M. de Pradt : ni son âge, ni son caractère ecclésiastique, ni ses titres civils, ni une existence aussi honorable que paisible dans la contrée qu'il habite, n'ont pu le soustraire à cet enchaînement de douleurs, qu'il aurait bien le droit de qualifier autrement. Ses souffrances et ses dangers ont alimenté la généreuse allégresse d'un parti ; M. de Pradt l'a vu préparer ses subsannations, il a entendu les cris de sa joie prématurée, que la justice lui a ordonné de faire rentrer dans un sein qui méconnaissait les droits de l'humanité...

(1) La censure a défendu de rendre compte du plaidoyer de Me Dupin, avocat de M. de Pradt.

L'ouvrage de M. de Pradt parut le 15 juillet ; il fut saisi le 17 juillet ;.... déféré de suite aux tribunaux, et renvoyé par eux à la Cour d'assises..... Une commission rogatoire fut adressée au tribunal d'Issoire, département du Puy-de-Dôme; M. de Pradt y fut cité; il était absent et malade. Pressé de rejeter loin de lui l'odieux fardeau dont on venait de le charger ; il brava les douleurs les plus cuisantes pour se rendre au tribunal.

L'acte d'accusation envoyé par le juge d'instruction de Paris, était beaucoup plus étendu que celui qui a été lancé par la Cour royale.

M. de Pradt ne répondit que sur les deux premiers points, se réservant de continuer à Paris, s'il y avait lieu de le faire.

Il est bon de faire connaître ces deux points.

1°. Page xj de l'Avant-Propos.

« L'aristocratie n'a jamais conçu et ne concevra jamais que, les Bourbons rentrant à titre » de famille dans une propriété souveraine, » elle ne rentre pas aussi dans les siennes propres, et dès que l'on fait du commandement » social une propriété de famille, dans ce système, » on ne peut accuser l'aristocratie d'avoir tort ; » elle peut bien avoir tort contre les principes » du contrat social, mais elle a raison dans le

» système de la souveraineté de famille ; alors » celle-ci n'est que l'aristocratie portée au plus » haut degré : le prince plus séparé du corps » social et plus agissant sur lui que tout autre » membre de l'aristocratie, dans ce système, est » le premier des aristocrates. »

2°. Page xxxix de l'Avant-Propos.

» Je supplie l'aristocratie de m'éclairer sur ce » point : comment se démêlerait-elle de toute la » république des Lettres qui lui est contraire ; » écrivains, professeurs, écoliers, littérature, » droit, médecine, tout lui est opposé dans » cette catégorie ;

» Du commerce, arts, industrie, propriétaires » du moyen ordre, si communs en France, dans » les mêmes dispositions à son égard ;

» Des millions d'acquéreurs des domaines que » tant d'intérêts et d'alarmes rendent ses en- » nemis ;

» De la totalité de la bourgeoisie qui aujour- » d'hui dispose du peuple des villes et des cam- » pagnes ;

» Comptera-t-elle comme contre-poids la force » publique dont elle disposerait, et l'armée.

» Mais la vraie force publique est dans la » masse de la nation ; le plus léger mouvement » de ce poids écraserait tout. Quant à l'armée,

» voyez l'île de Léon, 1er janvier 1820; l'armée » la plus ferme aux frontières, contre des perturbateurs évidens de l'ordre public, dans les » discussions civiles, le second jour, sera avec le » peuple. Désormais il faut s'arranger sur cela » car on ne trouvera plus autre chose.

» Le soldat, soldat aux frontières, peuple » avec le peuple. »

Il était accusé, sur le premier point, d'attenter à l'ordre de successibilité au trône.

Sur le second, d'exciter à la sédition militaire.

Il commença par déclarer qu'il n'entendait pas la première accusation. — Que la successibilité au trône n'était pour rien dans son ouvrage; qu'il rendait compte des systèmes et des conséquences des systèmes des autres; qu'il n'en embrassait ni n'en rejetait aucun; que les droits successifs aux trônes de tous les pays, en Suède, en Angleterre, en France, garantis par la loi positive, lui paraissaient également assurés; qu'il n'avait rien à contester ni aux uns, ni aux autres, qu'il parlait du système d'autrui, et non pas du sien, par la bonne raison qu'il n'en avait point sur ce sujet.....

Il répondit sur le second point, par l'exemple de l'armée française dans les années 1789, 1790, 1791, 1792, 1793 et autres; par celui de l'Espagne et de Naples, où non seulement *le soldat s'était fait peuple*, mais avait *fait le peuple soldat !* Il assigna l'exemple des gardes anglaises qui viennent de se mutiner deux fois ; il s'étonna qu'on prit l'indication du mal pour le vœu du mal, et finit par déclarer qu'il connaissait et redoutait autant que qui que ce pût être, le danger des coups-de-main militaires dans l'ordre politique. Il lisait à l'avance dans le *Moniteur* du 20 août 1820.

Ces points ont été abandonnés dans l'acte d'accusation dressé par la Cour royale, ainsi qu'un très grand nombre d'autres.

Celle-ci avait prononcé le renvoi devant la Cour d'assises. Sa session commençait le 15 août. M. de Pradt était arrivé le 10, dans un état de santé très pénible, à la suite d'une maladie aiguë de quatre mois, il était fondé à craindre de ne trouver en lui-même aucune force pour soutenir cette épreuve, et pourvoir à sa défense. Cependant il désira et obtint que le jugement eût lieu le 28 août; il avait imploré l'appui des talens de M. Dupin, dont les succès dans un grand nombre de causes, lui faisaient pressentir celui que cet orateur célèbre pouvait et vient encore obtenir.

INSTRUCTION PRÉPARATOIRE.

L'ouvrage de M. de Pradt intitulé : *De l'affaire de la Loi des élections*, a été publié le 14 juillet 1820.

Le 17, M. le procureur du Roi délivra l'ordre de le saisir, et rendit plainte tant contre l'auteur et l'éditeur que contre les distributeurs de l'ouvrage, en leur imputant d'avoir commis, par la publication de divers passages de l'ouvrage, les délits de provocation et désobéissance aux lois, d'attaques formelles contre l'autorité constitutionnelle du Roi et des Chambres, et d'excitation à la guerre civile.

La procédure se suivit avec la plus grande rapidité; des saisies furent faites chez les libraires Béchet aîné, éditeur; Jacquinot, Goullet, Delaunay, Gosselin et Ladvocat.

M. Huzard-Courcier, imprimeur du livre, interrogé par M. Leblond, juge d'instruction, déposa que M. de Pradt en était l'auteur, que le manuscrit était de sa main, qu'il l'avait imprimé par l'ordre de M. Béchet aîné, libraire.

Le libraire Béchet déclara qu'il imprimait ordinairement les ouvrages de M. de Pradt, et toujours avec confiance; qu'au surplus de tous ceux qu'il avait imprimés pour lui, il n'en avait jamais lu un seul, pas même celui qu'on lui représentait; qu'il n'en avait pas le temps, et qu'il n'avait pas le talent nécessaire pour juger du degré de culpabilité que pourrait avoir un ouvrage; que tout éditeur qu'il était, dès qu'il représentait l'auteur, et que ce dernier offrait des garanties, il se croyait complettement à l'abri.

On lui objecta que le manuscrit n'était pas même signé par M. de Pradt.

Il est tout entier de sa main, répondit M. Béchet, et il ne me démentira pas.

Une commission rogatoire avait été adressée à M. le procureur d'Issoire, dès le 17 juillet, pour faire procéder à l'interrogatoire de M. de Pradt; arrivée à Issoire le 23, elle fut notifiée le 24 à M. de Pradt, à sa résidence ordinaire, du Breuil; mais depuis plusieurs semaines, M. de Pradt en était absent, et se trouvait retenu à Allanches, situé à neuf lieues d'Issoire, par une grave maladie.

Dans cet état, la maladie de M. de Pradt et son éloignement ayant empêché de continuer l'instruction, une ordonnance de la Chambre du conseil du tribunal de première instance de la Seine, signée par MM. Dharanguier de Quincerot, vice-président; Leblond, juge d'instruction;

Geoffroi, juge : déclara qu'il y avait lieu à suivre contre M. Béchet aîné, qu'il n'y avait lieu à suivre contre les libraires Jacquinot, Goullet, Delaunay, Gosselin, Ladvocat, ni contre l'imprimeur Huzard-Courcier, disjoignit à l'égard de M. de Pradt, pour être statué immédiatement après le retour de l'instruction qui le concernait.

Cependant M. de Pradt, malgré sa maladie, s'était empressé de se rendre aux ordres de la justice. Il était comparu le 28 juillet devant M. Monteil, juge d'instruction à Issoire ; et après avoir reconnu l'ouvrage, après qu'on lui eût communiqué les passages inculpés de son livre et les chefs de prévention qu'on prétendait en induire, il fit la déclaration suivante :

« Ma surprise et ma douleur ont été extrêmes, lorsque j'ai pu voir accuser de provocation à la rébellion, au mépris de l'autorité royale et des Chambres, un ouvrage qui d'un bout à l'autre est un monument de respect pour les lois, la législation, pour l'excellence de la monarchie, et que l'auteur surtout dans le chapitre *de la Dynastie* a cherché à rendre le plus favorable à l'affermissement de cette même dynastie, objet de tous ses vœux.

« Comment supposer une pareille intention, après les articles nombreux où cette même intention ressort de toutes parts sous les caractères les plus marqués ? Comment supposer l'intention d'affaiblir l'autorité du Roi et celle des Chambres à celui qui a consacré des articles si formels pour les établir et les fortifier ? Un homme de quelque sens peut-il être susceptible de pareilles contradictions ? Et à une allégation générale, ne serait-il pas plus que fondé à opposer, comme preuve du contraire, non pas un passage, mais la totalité de l'ouvrage lui-même ?

» Rien n'égale le respect et l'attachement de l'auteur pour les lois de son pays et pour son gouvernement, et plus cette affection provient chez lui de la raison, comme il n'a cessé de le dire dans le cours de l'ouvrage, surtout dans l'article *de la Dynastie*, plus elle est solide. L'auteur écarte donc jusqu'à l'ombre d'une pareille idée ; elle n'a jamais approchée de lui, elle n'en approchera jamais ; en écrivant, il n'a eu pour but que de fortifier ce qu'on lui reproche d'avoir voulu détruire ; ainsi il déclare, quant à l'article page 11, commençant par ces mots : *l'aristocratie*, qu'il n'a pas même entendu la nature de ce reproche. Ce n'est pas de son opinion propre qu'il rend compte, il est bien loin de partager celle qu'il analyse ; il croit l'avoir suffisamment établi dans le passage précédent, lorsqu'il dit : Le côté politique de la rentrée des Bourbons lui avait totalement échappé, et dans lequel il établit la nécessité de la rentrée des Bourbons et la non nécessité politique de l'aristocratie. L'auteur, dans le chapitre *de la Dynastie*, a dit quelles avaient été les causes réelles de cette rentrée, mais il n'a jamais eu à s'occuper de celle de l'aristocratie.

» Dans l'article analysé, comme dans les suivans et précédens, l'auteur rend compte des idées, du système de l'aristocratie, en ayant soin de noter, d'après *ses idées, d'après ce système, dans ce ssystème;* mais c'est le système d'autres et non le sien, il ne l'approuve pas plus qu'il ne le partage, il n'en tire aucune conséquence ni pour ni contre; seulement il rapporte ce que depuis 1814 il n'a cessé d'entendre dire aux aristocrates. L'auteur, après avoir, dans le temps, contribué, au péril de sa vie, au rétablissement de la maison de Bourbon, ne peut pas être soupçonné de contester, d'examiner leurs droits, ni d'incidenter dessus; il les respecte et les défendrait s'ils étaient attaqués. Il a déclaré, dans l'article *de la Dynastie*, que leurs droits étaient la base de la tranquillité publique de la France, il ne peut pas oublier dans une partie de l'article ce qu'il a dit dans l'autre.

» Page 39, à l'alinéa commençant par ces mots :

compterait-elle ? et dans toute la suite de l'article, jusqu'aux mots : *peuple avec le peuple,* l'auteur énumère les ressources de l'aristocratie, et l'on voit bien que son intention n'est pas de l'encourager à compter dessus. Il demande si, en cas qu'elle fût maîtresse du pouvoir, elle pourrait gouverner par la force publique et par l'armée ; il conclut négativement, d'après ce qu'il a établi plus haut, que les résistances que l'aristocratie éprouverait de toutes parts briseraient cette force. La thèse n'est pas générale pour les gouvernemens, ce qui serait séditieux et en même temps contraire à ce que l'auteur a établi mille fois, que force doit toujours rester à la loi ; mais elle est relative à l'aristocratie seule, usant du pouvoir au milieu de résistances générales.

» Quant à l'armée, rien n'a paru plus simple à l'auteur, et plus éloigné de toutes provocations à rébellion militaire, que l'idée qu'il énonce que, dans les dissentions civiles, l'armée passe tout de suite au peuple, et que, dans les grands mouvemens populaires, le même homme qui fait des merveilles aux frontières, dans l'intérieur serait très dangereux. L'auteur croyait avoir suffisamment noté sa pensée par ces mots : *dans les dissentions civiles.* Il n'y a rien dans tout cela qui ait jamais pu lui présenter une idée de provocation à rebellion militaire. L'auteur dit ce qui arrivera, mais il ne dit pas qu'il soit bon que cela arrive. C'est lorsque l'Europe se remplit de ces funestes exemples, que l'auteur énonce un résultat, malheureusement trop probable, mais qui n'implique en aucune façon l'idée d'un vœu né d'un appel. C'est l'exemple de l'armée française sous les yeux, depuis 1789 jusqu'à 1792, ainsi que celui de l'île de Léon, qu'il a parlé. L'armée de Naples vient de vérifier sa pensée, que l'auteur est bien éloigné de donner comme précepte aux soldats, mais qu'il donne au gouvernement comme avis. Hélas! ses craintes se sont trop réalisées.

» L'auteur a horreur de l'intervention du militaire dans les affaires de la cité. Il y a six ans qu'il ne cesse de demander la diminution de cette masse de militaires, et qu'il annonce qu'on s'en trouvera mal. Il y a quelques jours, on a eu à se défendre, à Londres, des gardes anglaises; dans trois mois on a eu la douleur de voir deux trônes de la maison de Bourbon attaqués par leurs propres soldats. L'auteur le répète, comme le fonds le plus intime de sa pensée, que bien loin de songer à exciter aux séditions militaires, il les regarde comme le plus mortel poison des états, et l'Histoire lui a trop appris qu'elles étaient la perte des nations et celle de toute liberté.

» L'auteur aurait continué de répondre à ces accusations, et de rejeter le fardeau qu'elles font peser sur son cœur, si l'épuisement complet de ses forces lui permettait de continuer, mais étant malade depuis quatre mois, ayant fait un effort pour témoigner son obéissance et son respect à la justice en se rendant à ses ordre, il est forcé d'interrompre sa défense, se réservant de la reprendre, si tout ce qu'il vient de dire et l'exposition qu'il a faite de ses sentimens dans la composition de l'ouvrage ne pouvaient pas suffire à la justice. »

Cette procédure ayant été renvoyée à Paris, la chambre du conseil rendit, le 2 août, une nouvelle ordonnance par laquelle :

« Considérant que M. de Pradt a reconnu qu'il était l'auteur de cet ouvrage, et qu'il avait été publié par ses ordres ;

» Que les réponses tendantes à protester de la pûreté de ses intentions ne détruisent pas les caractères séditieux qui paraissent exister dans l'ensemble de cet ouvrage, et notamment dans les passages analysés ;

» Que par l'ordonnance du 29 juillet il avait été statué sur les autres prévenus et disjoint à l'égard de M. de Pradt, par le motif que l'instruction à faire par suite de la commission envoyée à Issoire n'était pas encore arrivée ;

» Elle déclara qu'il y avait lieu à suivre contre lui, et le renvoya pardevant M. le procureur-général de la Cour royale, pour être agi à son égard, ainsi que de droit. »

Cette ordonnance est signée par M. Dufour, vice-président; Leblond, juge d'instruction, et Lambert, juge suppléant.

En conséquence de cette ordonnance, et sur le réquisitoire de M. le substitut Amelin, en date du 4 août 1820, la chambre de mise en accusation de la Cour royale a rendu l'arrêt de renvoi suivant.

COUR ROYALE DE PARIS.

ARRÊT DE RENVOI.

La Cour, réunie en la chambre du conseil, M. Amelin, substitut de M. le procureur-général, est entré et a fait le rapport du procès instruit contre M. de Pradt, ancien archevêque de Malines, et François Béchet aîné, libraire.

Le greffier a donné lecture des pièces du procès, qui ont été laissées sur le bureau.

Le substitut a déposé sur le bureau sa réquisition écrite et signée, tendante à ce que les susnommés soient renvoyés devant la Cour d'assises de la Seine pour y être jugés suivant la loi, et ledit substitut s'est retiré, ainsi que le greffier.

Il résulte des pièces du procès les faits suivans :

Le 17 juillet 1820, sur le réquisitoire du ministère public, un ouvrage ayant pour titre : *De l'affaire de la Loi des élections*, par M. de Pradt, ancien archevêque de Malines, faisant suite au Petit Catéchisme du même auteur, a été saisi au nombre de neuf exemplaires chez Béchet aîné, de deux chez Delaunay, d'un chez Gosselin, d'un chez Goullet, d'un chez Ladvocat, et d'un chez Jacquinot, tous libraires à Paris.

Le 20 du même mois, l'ordre et le procès-verbal de saisie ont été notifiés aux parties saisies.

L'instruction qui a eu lieu au tribunal de première instance de la Seine, a établi que l'ouvrage saisi a été composé par Dominique de Pradt, ancien archevêque de Malines, qu'il a été imprimé au nombre de mille exemplaires, sur un manuscrit de l'auteur, chez Huzard-Courcier, par les soins de Béchet aîné, qui s'en est rendu l'éditeur et qui l'a distribué et vendu, après dépôt par l'imprimeur du nombre d'exemplaires prescrit par la loi; enfin, qu'il a été acheté chez Béchet aîné par les cinq autres libraires qui l'ont mis dans la circulation, comme toute autre espèce d'ouvrage.

Par ordonnance du 29 juillet 1820, les premiers juges ont, 1° déclaré qu'il n'y avait lieu à suivre contre l'imprimeur Huzard-Courcier, ni contre les libraires Jacquinot, Delaunay, Ladvocat, Gosselin et Goullet ; 2° prévenu Béchet aîné des délits prévus par les articles 2, 3, 4 et 6 de la loi du 17 mai 1819, 87 et 91 du Code pénal ; 3° sursis à prononcer sur le compte de Dominique de Pradt, alors éloigné de Paris, jusqu'à ce que l'instruction fût complète à son égard.

Par une autre ordonnance en date du 2 août 1820, Dominique de Pradt a été prévenu des délits prévus par les articles 2, 3, 4 et 6 de la loi du 17 mai 1819, 87 et 91 du Code pénal.

La Cour après avoir délibéré, joint les deux causes, et, attendu que de l'instruction résulte prévention suffisante contre Dominique de Pradt, ancien archevêque de Malines, et François Béchet aîné, libraire à Paris, d'avoir, en juillet 1820 : 1° provoqué à la désobéissance aux lois ; 2° commis le délit d'attaque formelle contre l'autorité constitutionnelle du Roi et des Chambres ; 3° provoqué et excité à la guerre civile, en portant les citoyens à s'armer les uns contre les autres, la dite provocation non suivie d'effet, savoir :

Dominique de Pradt, en composant, et Béchet aîné, en publiant comme éditeur, les passages suivans d'un ouvrage imprimé, distribué et vendu et ayant pour titre : *De l'affaire de la Loi des élections* :

Avant-Propos, page 47. « Les rois ne sortent » point de leur palais sans un cortége propre » à imposer et à faire ouvrir les rangs ; de » même la loi ne doit sortir du palais de la légis- » lation, qu'environnée de tout les attributs qui » attirent la vénération et l'obéissance : or, est-ce » ainsi que la loi nouvelle, que cette importante » loi qui, plus que toute autre, avait besoin de » cet appui révéré, entre dans le code des Fran- » çais et leur demande l'adhésion de leur esprit, » les affections du cœur avec la soumission ex- » térieure et apparente ? en fut-il jamais une » dont l'entrée dans le monde fut marquée de » signes plus funestes. »

Page 50. « Le parti qui a juré la perte de la » loi d'élection dès le jour de sa naissance, et » qui, depuis cette heure, n'a cessé de rugir » autour d'elle comme autour de sa proie, a saisi » le joint que la subtilité lui a offert et s'appuyant » sur une majorité législative obsédée de ter-

» reurs chimériques, qui sont son ouvrage, il a
» remis entre les mains de son nouvel allié, le
» ministère, cette arme vile et faible; et, ô honte
» éternelle! elle a suffi pour faire dépouiller le
» peuple français de ses droits et le livrer à
» l'aristocratie. »

Page 52 : « L'Histoire n'offre pas un exemple
» de déception pareille, appliquée à la décision
» du sort d'un peuple.

» Pour compléter toutes ces douleurs, il faut
» de plus qu'une loi aussi capitale ait reçu l'im-
» posante sanction d'une majorité de cinq voix,
» et cela, une heure après avoir été repoussée
» par une majorité contraire d'une voix, et l'on
» appelle cela de la législation, on exige du res-
» pect pour cela! aussi que doit penser la France
» à la vue de tout cela! Quelles idées se former
» à l'aspect de ce passsage instantané parmi les
» mêmes hommes de la majorité à la minorité
» et de la minorité à la majorité? Quels motifs
» de pareilles variations ne donnent-elles pas
» lieu au vulgaire, toujours méfiant, de prêter
» à ceux qu'il voit s'y laisser aller, et que ne dit-il
» pas? Quelle autorité, quel poids porte avec
» elle, dans l'ordre rationnel, une majorité d'une
» voix, de cinq voix, et quelles voix encore!
» comme nous le montrerons tout à l'heure.

» La majorité législative n'est qu'une fiction » convenue, celle de la représentation de l'opi- » nion générale dans laquelle la vérité est tou- » jours supposée résider; mais comment re- » connaître et cette opinion générale et cette » présomption de vérité, lorsque la loi est » évidemment contraire au vœu de l'opinion » générale, lorsque la majorité législative ne » représente plus qu'elle-même, et, ce qui » achève tout, lorsque la discussion a mis une » distance immense entre l'opinion triom- » phante et l'opinion repoussée, et lorsque la » raison dans toute sa supériorité a prononcé » en faveur du vaincu contre le vainqueur.

» Il y a toujours un retour du vote émis par » la majorité législative au tribunal de la ma- » jorité nationale qui le confirme ou qui l'in- » firme. Dans ce cas la loi matérielle peut tenir; » mais la loi morale n'existe pas. »

Page 67. « J'allais continuer cet examen; » j'allais montrer comment la Charte, ce seul » bien politique des Français, leur avait été » ravie le 3 juin 1820.

» J'allais démontrer que ce jour le procès fut » fait à la Charte, et le peuple français con- » damné aux dépens par la plus indigne super- » cherie qui fût jamais. »

Page 71. « Le sang français a coulé dans Paris ;
» dans l'état où des imprudens ont conduit les
» choses, où peut-il ne pas couler ? En quelle
» abondance ? et où s'arrêtera cette horrible liba-
» tion ? La représentation nationale a été violée
» par le plus infâme guet-à-pens. De vils assas-
» sins ont osé porter la main, vomir les plus dé-
» goûtans outrages, les menaces les plus hor-
» ribles contre les représentans du peuple.

» L'enceinte de la Chambre des Députés
» n'est-elle donc pas aussi sacrée que le palais
» des Tuileries peut l'être ? Le prince est invio-
» lable parce qu'il est le premier représentant
» de la nation, et que seul vis-à-vis de tous, il
» a besoin, dans son isolement, de la protection
» d'un plus grand respect. Ce n'est pas le fils
» ou le petit-fils de Henri IV qui est légalement
» sacré, c'est le représentant de la nation. Qui
» donc représentent les députés de la nation ?

» Quel spectacle offre tout ceci ?

» Les citoyens assaillis par la garde du prince,
» assassinés par ceux qu'ils paient pour les dé-
» fendre ! le palais où réside la majesté royale
» changé en château-fort ! Grand Dieu ! où
» sommes-nous, où nous a-t-on conduits ?

» Paris a revu les scènes de Cadix.

» A Paris comme à Cadix, des individus que » décore un habit qu'ils profanent, imbus d'une » haine ancienne contre nos institutions, dres» sent les soldats qui leur sont confiés pour le » plus noble usage, à massacrer un peuple sans » armes. En tout pays ces hommes sont les mê» mes, ennemis nés de toute raison, esclaves » acquis à tous les préjugés, quels qu'ils soient. » Aussi qu'a besoin le trône de l'entourage d'une » armée, au milieu d'un peuple sans défense et » dont la partie armée garantit tout par son zèle » comme par son nombre ?

» A quoi sert d'ailleurs, qu'empêche cette » armée le jour où le crime veut agir? quel » bras a-t-elle retenu ?

» La France entière saura ces scènes, les res» sentira, en sera ébranlée peut-être. Où peut » nous conduire une crise pareille, après toutes » celles dont se compose notre existence depuis » six ans ?... Oui, depuis six ans, tout bonheur » a fui de la France, tout bonheur en fuira à ja» mais, si l'on ne se hâte de suivre ce que, il » n'y a pas plus de trois mois, j'indiquais comme » le seul moyen de salut; le changement com» plet de direction du gouvernement et le renvoi » immédiat, entier, éternel, de tous ceux qui » nous ont menés au bord de cet abyme avec un

» aveuglement et un entêtement dont jusqu'à
» eux on ne croyait pas l'humanité capable.
» Loin de nous tous ces hommes qui se plai-
» sent à faire de tous les Français des Brutus
» de cabaret! loin de nous tous ces hommes
» qui nous traitent tous de révolutionnaires et
» de conspirateurs! Qu'ils mettent entre notre
» impureté et leur pureté toute la distance qu'ils
» voudront, la plus grande sera toujours la meil-
» leure; qu'ils s'éloignent d'une terre indigne
» de leurs hautes vertus et ne portant qu'une
» race gangrenée! nous ne sommes point faits
» pour respirer le même air qu'eux. Leur ab-
» sence ne stérilisera pas la France; elle ne fera
» pas plus dessécher son sol que son génie. Sans
» eux la France a commandé à l'Europe; avec
» eux elle a été commandée par elle. Qu'ils se
» retirent, tous les directeurs d'affaires qui, de-
» puis six ans, ont si bien dirigé celles de la
» France, à la vue de ce qu'une restauration
» a valu à l'Angleterre, à l'Espagne, à la
» France (1)! — Imprudens! ils ont fait courir

(1) « J'ai le droit de parler de la restauration; j'ai pris trop
» de part à ce grand évènement, pour que son résultat ne
» m'affecte pas plus qu'un autre. J'ai eu à sacrifier des affec-
» tions si chères, j'ai reçu tant de reproches à cet égard, que

» le risque de rendre les peuples irréconciliables
» avec ce mot, et leur ont appris par là les ré-
» volutions jusqu'au bout. Qu'ils disparaissent
» ceux qui ne savent qu'environner le trône
» d'une armée plus forte que celle de plusieurs
» états, et de soldats étrangers qui offusquent
» les regards et pèsent sur le cœur des Français!
» qu'ils s'éloignent tous ces courtisans qui, igno-
» rant la France, inconnus d'elle, assiègent le
» trône de terreurs, calomnient la nation au-
» près de lui et l'exposent à être calomnié par
» elle. Ce n'est ni l'amour ni l'honneur de la
» France qui les a ramenés dans son sein, mais
» la soif du commandement, de la fortune, et
» de la vengeance, si elle eût été possible.

» je dois prendre mes sûretés avec l'Histoire. La restauration,
» contre sa nature, a si mal réussi jusqu'à ce jour, que je
» crois devoir à l'honneur de mon nom de publier, que de-
» puis ma sortie du conseil des souverains, dans lequel fut
» décidé cette restauration, j'ai été éloigné des affaires.

» Je désire que l'on sache, qu'à partir de ce jour 31 mars 1814,
» je n'ai cessé de gémir sur tout ce que je voyais faire, d'en
» prédire les résultats. De tout ce qui a été fait depuis cette
» époque, je ne connais pas trois actes auxquels j'eusse voulu
» donner mon approbation, et encore moins ma signature.

» Je n'ai pas plus erré sur la France que sur l'Amérique et
» sur l'Espagne. »

Corps de l'ouvrage, *page* 253. « Paris a revu » les dragonnades, Paris a revu les irruptions » du prince de Lambesc dans les Tuileries.

» Paris a vu faire par des soldats français, ce » que ne se sont permis, ni ceux de la Prusse, » ni ceux de la Russie. La capitale de la France » a vu cent mille de ses habitans dans le cas » d'être foulés aux pieds des chevaux de la garde » royale pour une chose qui, en Angleterre, » n'eût pas mis cent constables en mouvement. »

Délits prévus par les articles 1, 2, 3, 4, et 6 de la loi du 17 mai 1819, et 91 du Code pénal.

Renvoie lesdits Dominique de Pradt et François Béchet, devant la Cour d'assises du département de la Seine, pour y être jugés à la plus prochaine session, conformément aux dispositions de l'article 13 de la loi du 26 mai 1819.

Maintient la saisie des instrumens de publication.

Ordonne que le présent arrêt sera exécuté à la diligence du procureur-général.

Fait au Palais de Justice, à Paris, le huit août mil huit cent vingt, en la Chambre du Conseil, où siégeaient M. Merville, président; MM. Pavyot-Saint-Aubin, de Berny, Dehaussy, conseillers, et M. Godart de Belbœuf, conseiller auditeur ayant voix délibérative, tous composant la Chambre d'accusation, et qui ont signé ainsi que le greffier. Signé Hédouin.

L'affaire devant être portée à la plus prochaine session, avait d'abord été indiquée pour être jugée dans la session d'août. L'éloignement du principal prévenu avait déterminé la Cour à la reporter à la session de septembre; mais M. de Pradt, surmontant les souffrances continuelles qu'il endurait, s'était empressé de se rendre à Paris, où il sollicita et obtint, par ses instances réitérées, d'être jugé le 28 août.

L'audience s'est ouverte à 10 heures, et quoique l'affaire ne fût indiquée que la troisième du rôle, dès le matin, toutes les places disponibles étaient remplies par l'assemblée la plus nombreuse et la plus brillante qu'eût jamais réunie la Cour d'assises, et au dehors une foule nombreuse, qui n'avait pu trouver de place dans l'auditoire, obstruait tous les passages.

M. de Pradt et M. Béchet ont été conduits à la chambre du conseil, où il a été procédé, en leur présence, au tirage des jurés.

Les jurés désignés par le préfet pour la session, étaient MM.

Ballet, passementier, rue St.-Denis, n° 104.

Bauquesne, négociant, rue Beautreillis, n° 14.

Besnard, épicier, rue Mouffetard, n° 1.

Boichard, papetier, rue des Grands-Augustins, n° 7.

Brière, propriétaire, rue St.-Jacques, n° 189.

Caigné, notaire, rue de la Harpe, n° 28.

Chaumet, marchand de sel, rue de la Mortellerie, n° 143.

Cornu Beaufort, propriétaire, rue des Moulins, n° 10.

Cotelle, libraire, rue neuve des Petits-Champs, n° 34.

Dehemans de Saint-Félix, propriétaire, quai de Béthune, n° 26.

Dejean, avocat au conseil, rue de Cléry, n° 5.

Delahaye jeune, avoué, rue Boucher, n° 8.

Delalain, drapier, rue St.-Honoré, n° 46.

Delaroa, marchand de soieries, rue St.-Denis, n° 119.

Desmazis, chef de bureau, rue Neuve-des-Petits-Champs, n° 42.

Favart, instituteur, rue St.-Antoine, n° 212.

Gérard, agent de change, rue de Richelieu, n° 107.

Gissot, médecin, rue des Moulins, n° 3.

Guibout, avocat au conseil, rue du Gros-Chenêt, n° 11.

Houel, chef de bureau à la Guerre, rue des Marais, n° 24, faubourg Saint-Germain.

Lecoq, négociant, Vieille rue du Temple, n° 32.

Lefevre, notaire, rue St.-Marc, n° 14.

Lucot, négociant, rue des Singes, n° 1.

Morphy, propriétaire, rue des Vieux-Augustins, n° 34.

Mure, propriétaire, rue Castiglione, n° 3.

Norblin, propriétaire, rue Saint-Honoré, n° 49, résidant à Gentilly.

Parent, propriétaire, rue Geoffroy-Lasnier, n° 28.

Pelletier, épicier, Marché aux Poirées, n° 24.

Pilet, imprimeur, rue Christine, n° 5.

Pourrier, drapier, rue St.-Honoré, n° 3.

Ricou, marchand de bois, rue du faubourg Montmartre, n° 33.

Robine, propriétaire, place Collégiale, n° 4.

Ruinet, propriétaire, cul-de-sac des Feuillantines, n° 3.

Séguin, pharmacien, rue des Bons-Enfans, n° 20.

Sénart, bijoutier, rue Saint-Honoré, n° 203.

Valdruche, agent de snrveillance de la Maison d'accouchement, rue de la Bourbe, n° 3.

Le ministère public a exercée onze récusations, les prévenus douze, et la liste s'est trouvée ainsi réduite à MM.

Norblin,
Pourrier,
Lecoq,
Caigné,
Ricou,
Ballet,
Delahaye, jeune,
Mure,
Robine,
Valdruche,
Brière,
Et Lefevre.

A midi, les affaires précédentes étant terminées, la Cour, composée de MM. Bouchard, président; Crespin de la Rachée, Titon, Hémery, conseillers; Brisson, conseiller auditeur; et de M. de Vatimesnil, substitut du procureur-général, faisant fonction d'avocat-général, est entrée en séance; les jurés ont occupé leurs bancs; M. de Pradt, décoré du grand cordon de la Légion d'honneur, et de la croix archiépiscopale, a traversé l'auditoire, en recueillant sur son passage les témoignages du respect et de l'intérêt qu'il inspirait, et a pris place au parquet sur un fauteuil qui lui avait été destiné ; M. Béchet s'est assis à ses côtés.

Me Dupin l'aîné, avocat défenseur de M. de Pradt, et Me Moret, avocat défenseur de M. Béchet, assistés de M. Coche, leur avoué, se sont placés au barreau.

Le président à M. de Pradt : Quels sont vos noms, prénoms, profession, âge et demeure ?

M. de Pradt : Dominique de Pradt, ancien archevêque de Malines, grand'croix de l'ordre royal de la Légion d'honneur, âgé de soixante-deux ans, né à Allanche, département du Cantal, demeurant à Paris, grand hôtel de Richelieu, rue Neuve-Saint-Augustin.

La même question est faite à M. Béchet, qui répond se nommer François Béchet, libraire, âgé de quarante-deux ans, né à Naftel, département de la Manche, demeurant à Paris, quai des Augustins, nº 57.

Le président reçoit le serment des jurés et rappelle aux défenseurs les devoirs que la loi leur impose.

Le greffier donne lecture de l'arrêt de renvoi.

Le président aux prévenus : Vous connaissez les charges qui s'élèvent contre vous, soyez attentifs à ce que vous allez entendre.

M. de Pradt, sur l'interpellation de M. le

président, reconnaît le manuscrit de l'ouvrage inculpé.

M. *de Vatimesnil*, faisant fonction d'avocat-général, a la parole et dit :

Messieurs les jurés,

Dans la plupart des causes qui vous sont soumises, la considération de la personne de l'accusé est d'une haute importance. Un homme est traduit devant vous, comme auteur d'un fait criminel ; il le nie : il est naturel de scruter sa vie passée et de se retracer les sentimens qu'il a manifestés, pour apprécier la probabilité ou l'invraisemblance des inculpations dont il est l'objet.

Mais ce que nous venons de dire n'a nulle application aux préventions des délits de la presse. Là, le fait est toujours constant, car ce fait n'est autre chose que la publication de tel livre par telle personne. La question est de savoir si cet ouvrage rentre dans un des cas prévus par la loi ; et les antécédans de la vie de l'auteur, ne sont en aucune manière, les élémens de solution de cette difficulté.

Cette vérité est d'autant plus certaine, que les écrivains séditieux peuvent différer beaucoup sous le rapport du caractère et de la position sociale.

Les uns sont d'audacieux démagogues prêts à prendre part à la révolte qu'ils excitent. Aujourd'hui ils ont à la main l'écrit incendiaire, demain ce sera l'étendard de la rébellion. Nous n'avons pas besoin de dire que nous n'avons devant nous personne qui ressemble à ce portrait.

D'autres provocateurs sont placés dans une sphère plus haute.

Des motifs personnels, tels que l'habitude du calme ou la crainte de compromettre une existence élevée, les empêcheront, du moins dans les temps ordinaires, de prendre une part active au désordre.

Mais il convient à leurs sentimens et à leurs desseins de pousser la multitude à des actions auxquelles il leur répugnerait de coopérer eux-mêmes.

Ces hommes sont agités de violentes passions politiques ; qu'elles soient nées de l'ambition trompée, d'un amour excessif de la célébrité, ou d'un ressentiment exagéré contre des attaques qui ont offensé une susceptibilité extrême, peu importe dès qu'elles existent.

Le propre de toute affection ardente est de chercher à se communiquer, de répandre au-dehors les sentimens dont on est animé, et de les faire partager aux autres. Ainsi un écrivain est pénétré d'une horreur invincible pour nos institutions ou quelques-unes de nos institutions; il est dévoré d'une haine irréconciliable envers telle classe de la société : il emploiera tous ses efforts, toute sa dialectique, toute son éloquence, pour faire des prosélytes et pour monter les âmes de ses lecteurs au ton de la sienne. Voilà la nature humaine.

Si l'ouvrage composé dans cet esprit cause un grand dommage, comme la chose est à peu près infaillible, on sera très fondé à croire que l'écrivain avait désiré ce résultat, mais du moins, il sera incontestable qu'il l'avait prévu. Il est impossible qu'il n'ait pas mesuré à l'avance tout le danger de la séduction. Les sentimens qui l'agitaient, en écrivant, l'avertissaient de ceux que ses pensées et ses expressions, comme un levain funeste, feraient fermenter dans l'âme de ses lecteurs; malgré cette prévoyance, les passions l'ont emporté, et le livre a paru. Chacun de vous se dit, Messieurs, que nul motif étranger à l'ouvrage ne peut excuser l'écrivain; il a causé du préjudice, il l'a causé avec connaissance; il est coupable.

Le personnel de l'auteur et le plus ou moins d'estime qu'il peut se croire fondé à revendiquer sont donc des considérations à peu près indifférentes dans ces sortes de causes. Les grands moyens de décision, les seuls dignes de vous, Messieurs, sont : le livre, son but, son esprit, les circonstances dans lesquelles il a paru.

Ainsi, Messieurs, nous ne nous occuperons en aucune manière de la personne de l'écrivain, à moins que l'on ne nous y force, et nous croyons que l'on aurait tort de le faire, car en supposant que vous trouvassiez de l'élévation dans cette personne ; d'une part, l'ouvrage vous paraîtrait plus dangereux à raison du poids que pourrait y ajouter cette circonstance, et de l'autre la transgression des devoirs de sujet et de citoyen vous semblerait plus inexcusable.

Ainsi, encore une fois, le livre est l'unique objet de notre animadversion; nous ne vous parlerons que du livre. Rigueur infléxible envers l'écrit, égards et ménagemens envers l'homme ; voilà la règle de nos procédés.

Des trois questions que vous aurez à juger, et qui dérivent de faits que nous ne rappellerons pas, attendu qu'ils sont suffisamment exposés dans l'arrêt de renvoi, deux sont des questions de provocations; la troisième, une question d'attaque assimilée à des provocations.

Parlons d'abord des provocations, et occupons-nous de quelques considérations générales sur ce genre de délit. Cherchons quels ont été les motifs qui ont présidé à l'établissement des lois sur les provocations.

Ce serait en vain que la sagesse humaine, dans toute sa plénitude, s'épuiserait pour faire à une nation l'inestimable présent d'institutions utiles et protectrices, si des mains impies ou imprudentes avaient le pouvoir de détruire impunément cet ouvrage. Il ne suffit pas de construire l'édifice social, il faut le fortifier. Les lois pénales, c'est-à-dire les rigueurs dont la société menace ceux qui travailleraient à renverser ses institutions, voilà le boulevard qu'elle élève pour protéger son organisation. Dans tous les pays où la législation est prévoyante et complète, ces lois sont de deux espèces, et forment une double barrière contre le désordre et la révolte.

Les unes sévissent contre ceux qui, par des actions coupables, ont porté une atteinte matérielle à l'ordre public ;

Les autres étendent leur sollicitude plus loin ; leur objet est de prévenir les atteintes matérielles que les premières frappent de punition. Elles concilient par là l'intérêt social avec tous les sentimens d'humanité ; *l'intérêt social*, car il vaut mieux parer les coups qu'on pourrait lui porter, que d'avoir à venger sa cause, après qu'il les a reçus. *Les sentimens d'humanité*, car ces lois, beaucoup moins sévères en général que celles de la première espèce, tendent à dispenser la justice de prononcer des châtimens terribles, au moyen de l'application de châtimens modérés faite judicieusement et en temps utile. Ainsi les lois que nous venons de distinguer, sont également des lois pénales, mais des lois pénales de deux ordres différens :

Les unes destinées à châtier tout acte qui est en lui-même une agression contre la société ;

Les autres destinées à châtier ce qui n'est pas une agression, mais ce qui a pour effet naturel d'y conduire.

Les lois sur les provocations appartiennent à cette dernière classe. Une provocation par elle-même ne cause pas de dommage au corps politique ; elle ne trouble pas l'harmonie sociale ; ce ne sont que des paroles dont le souffle ne renverse et ne dérange rien dans l'ordre physique.

Mais les provocations changent les esprits, agitent les imaginations, pervertissent les cœurs. Nos actions sont l'effet de nos opinions et de nos sentimens ; en dénaturant les unes, en bouleversant les autres, les provocations deviennent la source d'actions criminelles qui, sans ce déplorable véhicule, n'auraient jamais eu lieu.

Le législateur a donc dû faire ce calcul à la fois sage et paternel. « Pour éviter, autant que
» possible, d'appliquer des peines très graves
» aux crimes qui sont les suites de provoca-
» tions, empêchons qu'il n'y ait des provoca-
» tions, en effrayant les provocateurs par des
» peines suffisantes pour les contenir, et pour-
» tant moins sévères que celles qui suivraient
» un crime. »

Ainsi, dans l'intérêt de tous les amis de la tranquillité, dans l'intérêt même des esprits inquiets et ardens, dont les passions pourraient être excitées par des provocations, il faut sévir contre les provocateurs, quels qu'ils soient, et quelques moyens qu'ils aient employés.

Nous disons, *quelques moyens qu'ils aient employés*, et cette réflexion nous conduit à examiner ce qui constitue la provocation.

Provoquer à telle action, c'est faire naître le désir de la commettre. Mille chemins différens conduisent à ce but; on emploie tantôt plus d'audace, tantôt plus d'artifice, tantôt les ressources d'un talent plus séduisant; mais au milieu de ces nombreuses variantes, il y a deux points qui demeurent fixes et que l'on aperçoit toujours. Le premier est l'intention de l'auteur de la provocation, d'agir sur l'esprit de ses concitoyens, de manière à les exciter au mal ; le deuxième est l'impression produite sur eux par la provocation. En d'autres termes, celui-là est le désir de nuire, celui-ci est le dommage causé.

Or, le désir de nuire et le dommage causé sont précisément et uniquement ce qui constitue un délit. Il suit de là que les différences de forme qui existent entre les provocations, ne changent en rien leur criminalité. Dès que l'on a voulu exciter et que l'on a excité en effet, peu importe de quels stimulans on s'est servi. Voilà, Messieurs, pourquoi la loi actuelle a supprimé toute distinction entre les provocations et a dégagé les discussions judiciaires d'éternelles arguties sur les provocations directes et les provocations indirectes. Ces mots ne se trouvent pas dans la loi, et ce n'est pas par inadvertance qu'ils en ont été bannis ; le législateur a exprimé l'intention formelle d'en abolir l'usage.

« Les discours, les écrits, ont dit les orateurs du Gouvernement et les rapporteurs, excitent ou n'excitent pas. S'ils excitent, ce sont des provocations qui vont également droit au but, soit que l'on ait employé tel tour de phrase ou tel autre, auxquels il serait par conséquent chimérique d'appliquer la division en directe et indirecte ; s'ils n'excitent pas, on ne peut y voir de provocation d'aucune espèce. »

A quels signes reconnaîtra-t-on donc une provocation? La loi, d'après le système que nous venons d'exposer, n'a pu dire qu'elle résulterait de telles ou telles expressions, et l'on conçoit que des milliers d'articles n'auraient pas suffi pour prévoir tous les cas possibles.

« Le moyen de décision pour les jurés, continuent les orateurs du Gouvernement et les rapporteurs, c'est de descendre en eux-mêmes, et de se rendre compte, avec cette bonne foi qui doit trouver la vérité, parce qu'elle la cherche ardemment, de l'impression que les discours ou les écrits inculpés ont produite sur les esprits. Les discours ou les écrits ne sont provocateurs que parce qu'ils opèrent chez les auditeurs ou les lecteurs, un ébranlement qui influe sur leur volonté. Le juré doit donc se dire : Ai-je senti un ébranlement qui pourrait me porter au mal, si j'étais dans une autre situation civile, si je faisais partie de cette multitude ignorante ou passionnée pour laquelle les hommes de parti parlent et écrivent, et qu'ils considèrent comme la matière première de la sédition ? Selon que la réponse à cette question est affirmative ou négative, l'auteur est coupable ou innocent. »

Maintenant que nous avons établi les principes généraux en matière de provocation, descendons à ceux qui sont particuliers à chacune des deux espèces de provocation dont il s'agit au procès.

La première est la provocation à la désobéissance aux lois. Il est nécessaire de se faire une idée nette de ce genre de délit.

En prenant le mot provocation à la désobéissance aux lois dans un sens étendu, il pourrait comprendre la provocation à la rébellion et même à toute espèce de crime ou délit, car se révolter, se rendre coupable d'un crime ou d'un délit, c'est désobéir aux lois. Cependant il est manifeste que ce n'est pas là le sens légal des mots provocation à la désobéissance aux lois; car il y a un article spécial pour les provocations au crime, c'est l'art. 2; un article spécial pour la provocation au délit, c'est l'art. 3; et enfin un article spécial pour la provocation à la désobéissance aux lois, c'est l'art. 6.

Ainsi la provocation à la désobéissance aux lois est tout autre chose que la provocation, soit au crime, soit au délit. Cherchons donc quel est son caractère.

L'obéissance aux lois est de deux sortes. L'une

est volontaire, c'est celle d'un bon citoyen et d'un sujet fidèle; c'est l'hommage pur et spontané que l'on rend à la puissance des lois, en gardant leurs commandemens lors même que l'on pourrait les enfreindre.

L'autre est une obéissance servile; elle est le produitde la contrainte, et elle cesse dès que la contrainte vient à cesser.

Il est clair que l'obéissance volontaire est la seule qui soit compatible avec le bon ordre; car si toutes les classes d'une nation n'avaient aujourd'hui pour les lois qu'une obéissance servile, certainement demain elles en secoueraient absolument le joug.

Concluons de là que détruire l'obéissance volontaire pour ne laisser subsister que l'obéissance servile, c'est provoquer à la désobéissance.

Maintenant, comment détruit-on l'obéissance volontaire? Cette obéissance n'ayant d'autres fondemens que l'amour pour les lois, la confiance dans les lois, le respect pour les lois, en anéantissant cet amour, cette confiance, ce respect, on fait disparaître l'obéissance volontaire.

Cette doctrine, Messieurs, ne peut être combattue pour la défense de l'ouvrage saisi; car elle est consignée en termes formels dans cet ouvrage même.

Page 47 de l'Avant-Propos.

« Partout où l'on fait des lois, il devrait être » écrit en lettres d'or : *Avant tout, respect à la* » *loi.* Les rois ne sortent point de leurs palais » sans un cortége propre à imposer et à faire » ouvrir les rangs ; de même la loi ne doit sortir » du palais de la législation qu'environnée de » tous les attributs qui attirent la vénération et » l'obéissance. Or, est-ce ainsi que la loi nou- » velle, que cette importante loi qui, plus que » toute autre, avait besoin de cet appui révéré, » entre dans le Code des Français et leur de- » mande l'adhésion de leur esprit, les affections » du cœur avec la soumission extérieure et appa- » rente ? En fut-il jamais une dont l'entrée dans » le monde fût marquée de signes plus funestes ? »

Voici l'enchaînement très juste des idées.

« Les lois, comme les monarques, ont besoin d'être respectées. »

« Si elles ne le sont pas, elles n'obtiennent ni l'adhésion de l'esprit, ni les affections du cœur, mais seulement une soumission extérieure et apparente. »

« Dès lors il ne peut y avoir obéissance véritable et proprement dite. »

Prenons ces maximes de l'accusé, pour moyen de décision contre l'accusation et contre lui.

Page 50. « Le parti qui a juré la perte de la loi
» d'élection dès le jour de sa naissance, et qui,
» depuis cette heure, n'a pas cessé de rugir autour
» d'elle comme autour de sa proie, a saisi le joint
» que la subtilité lui a offert, et s'appuyant sur une
» majorité législative obsédée de terreurs chimé-
» riques qui sont son ouvrage, il a remis entre les
» mains de son nouvel allié, le ministère, cette
» arme vile et faible, et, ô honte éternelle, elle
» a suffi pour faire dépouiller le peuple français
» de ses droits, et le livrer à l'aristocratie ! »

Page 52. « Pour compléter toutes ces douleurs,
» il faut de plus qu'une loi aussi capitale ait reçu
» l'imposante sanction d'une majorité de cinq
» voix, et cela une heure après avoir été repoussé
» par une majorité contraire d'une voix; et l'on
» appelle cela de la législation, on exige du
» respect pour cela ! Aussi, que doit penser la
» France, à la vue de tout cela ? Quelles
» idées se former à l'aspect de ce passage in-
» stantané parmi les mêmes hommes, de la
» majorité à la minorité, et de la minorité à la
» majorité ? Quels motifs de pareilles variations
» ne donnent-elles pas lieu au vulgaire, toujours
» méfiant, de prêter à ceux qu'il voit s'y laisser
« aller, et que ne dit-il pas ? Quelle autorité,
» quel poids porte avec elle, dans l'ordre ration-
» nel, une majorité d'une voix, de cinq voix,

» et quelles voix encore, comme nous le mon-
» trerons tout à l'heure.

» La majorité législative n'est qu'une fiction
» convenue, celle de la représentation de l'opi-
» nion générale, dans laquelle la vérité est tou-
» jours supposée résider; mais comment re-
» connaître et cette opinion générale et cette
» présomption de vérité, lorsque la loi est
» évidemment contraire au vœu de l'opinion
» générale, lorsque la majorité législative ne
» représente plus qu'elle même, et ce qui achève
» tout, lorsque la discussion a mis une distance
» immense entre l'opinion triomphante et l'opi-
» nion repoussée, et lorsque la raison dans
» toute sa supériorité a prononcé en faveur du
» vaincu contre le vainqueur. »

» Il y a toujours un retour du vote émis par
» la majorité législative, au tribunal de la majo-
» rité nationale qui le confirme ou qui l'infirme.
» Dans ce cas, la loi matérielle peut tenir, mais
« la loi morale n'existe pas. »

Page 67. » J'allais continuer cet examen;

» J'allais montrer comment la Charte, ce seul
» bien politique des Français, leur avait été ra-
» vie le 3 juin 1820;

» J'allais démontrer que ce jour, le procès fut
» fait à la Charte et le peuple français condamné

» aux dépens par la plus indigne supercherie » qui fut jamais. »

Messieurs, les raisonnemens sont ici presque superflus; car, ainsi que nous l'avons établi, il ne s'agit que de vous rendre compte d'une impression, de porter votre attention sur l'ébranlement que vous avez éprouvé, et par là, de mesurer celui que peut ressentir la masse des lecteurs qui n'a ni votre instruction, ni votre expérience, ni autant d'attachement que vous aux devoirs du citoyen.

La tâche du ministère public se borne donc, après vous avoir lu ces passages, à recommander de nouveau à notre attention les expressions les plus saillantes dont une partie aurait pu vous échapper dans une lecture rapide.

Ainsi, vous voudrez bien graver dans votre mémoire que, d'après le livre saisi :

« Il n'a jamais existé de loi dont l'entrée » dans le monde fût marquée de signes plus » funeste, que celle de juin, sur les élections. »

« Qu'elle a dépouillé le peuple français de » ses droits, et l'a livré à l'aristocratie. »

« Qu'elle est contraire au vœu de l'opinion » générale. »

« Que la raison, dans toute sa supériorité, » s'est prononcée contre ceux qui la soute-

» naient, et en faveur du parti qui la com-
» battait. »

« Que la Charte a été ravie aux Français » le 3 juin (jour ou l'article premier de cette » loi a été voté), que la loi *matérielle* existe, » mais que la loi *morale* n'existe pas. »

C'est vous maintenant, Messieurs, qui vous demanderez à vous-mêmes, avec bonne foi, si une loi que l'on peint comme contraire à l'opinion générale et à la raison, une loi dont l'apparition dans le monde aurait été marquée des signes les plus funestes, pourrait jamais rencontrer ce respect, cette adhésion d'esprit, cette affection du cœur, qui sont représentés dans l'ouvrage saisi comme les conditions essentielles de l'obéissance?

Si les Français ne serait pas excusables de désobéir à une loi qui les dépouillerait de leurs droits

Si ce ne serait pas même un devoir pour eux de repousser une loi qui *leur aurait ravi la Charte*, de la repousser par le généreux effort d'un refus unanime de lui obéir ? Nous avons juré la Charte, nous l'aimons, et nous ne pouvons séparer notre attachement pour elle de notre dévouement au trône légitime. Le maintien de la Charte, comme celui du trône, sont pour nous des besoins du premier ordre ; défendre le trône et la Charte, voilà des devoirs qui sont au plus haut degré dans l'échelle des obligations sociales, et qui imposent silence à tous les autres.

S'il était vrai que la Charte nous fût ravie par une loi violatrice de l'arche d'alliance entre le Roi et son peuple, la désobéissance à cette loi serait une vertu digne de couronnes civiques.

Ainsi, quand on allègue faussement qu'une loi brise et détruit la Charte, on excite à désobéir à cette loi. Enfin (et ici l'évidence s'accroît encore, s'il est possible), qu'est-ce qu'un acte du pouvoir législatif dans lequel

La loi matérielle existe,

Mais la loi morale n'existe pas ;

C'est un commandement que l'on observera, tant que l'on y sera contraint, mais auquel on cessera d'obéir dès que l'on sera libre de le faire.

C'est une chaîne que l'on brisera, non-seulement sans remords, mais avec joie, avec cette satisfaction intérieure que donne le témoignage d'une conscience tranquille ?

Sous le sceptre de la tyrannie, il existe des lois matérielles, c'est-à-dire des ordres émanés du caprice du maître ; jamais de lois morales, c'est-à-dire de lois protectrices, auxquelles les sujets doivent un amour pur et spontané; aussi désobéit-on aux lois de la tyrannie dès qu'on le peut sans péril, et se fait-on même gloire de leur être rebelle.

Persuader aux citoyens que la loi *matérielle* existe *sans la loi morale*, c'est donc une puissante excitation à la désobéissance.

Les principes que nous avons exposés simplifieront notre tâche relativement à la deuxième espèce de provocation, qualifiée par l'arrêt de renvoi ; nous voulons parler de la provocation à la guerre civile, en *excitant les citoyens à s'armer les uns contre les autres.*

Nous abordons cette deuxième partie de notre discussion.

Les guerres civiles sont rarement produites par des intérêts réels.

L'Histoire nous apprend que des passions violentes et irréfléchies les font ordinairement éclore.

La haine qui voudrait anéantir l'objet auquel elle s'attache.

Le ressentiment qui croit toute vengeance légitime.

La peur qui s'imagine voir un ennemi prêt à frapper, qu'il faut se hâter de prévenir.

Voilà les causes de ces déplorables fureurs, qui arment les citoyens, les amis, les frères, les uns contre les autres, et qui ne prennent fin que par l'extermination des vaincus, les remords et l'opprobre du vainqueur.

S'efforcer de faire naître ces affections terribles et de les porter à un haut degré d'exaltation, c'est donc provoquer à la guerre civile.

Si à ces moyens d'entraînement on en ajonte deux autres,

Le premier de représenter le système suivi par le Gouvernement comme intolérable;

Le second, d'annoncer, par une sinistre prophétie, comme infaillibles les troubles que l'on veut exciter;

N'est-il pas vrai que, dans la supposition que le livre soit lu et qu'il persuade, l'exaspération sera portée à son comble, et que les citoyens prêts à se ranger autour du drapeau sanglant des factions, n'attendront plus que le moment où le tocsin leur en donnera le signal?

Tous ces fermens de guerre civile, Messieurs, nous les trouverons dans deux des passages de l'écrit saisi.

Page 71 de l'Avant-Propos.

« Le sang français a coulé dans Paris; dans l'é-
» tat où des imprudens ont conduit les choses,
» où peut-il ne pas couler? En quelle abondance
» et où s'arrêtera cette horrible libation? La re-
» présentation nationale a été violée par le plus

» infâme guet-à-pens; de vils assassins ont osé » porter la main, vomir les plus dégoûtans ou- » trages, les menaces les plus horribles, contre les » représentans du peuple !

» L'enceinte de la Chambre des Députés n'est- » elle donc pas aussi sacrée que le palais des » Tuileries peut l'être ? Le Prince est inviolable, » parce qu'il est le premier représentant de la » nation, et que seul vis-à-vis de tous, il a be- » soin dans son isolement de la protection d'un » plus grand respect. Ce n'est pas le fils ou le » petit-fils de Henri IV, qui est légalement sacré, » c'est le représentant de la nation. Qui donc re- » présentent les députés du peuple ?

» Quel spectacle offre tout ceci !

» Les citoyens assaillis par la garde du Prince, » assassinés par ceux qu'ils paient pour les dé- » fendre !...... Le palais où réside la majesté » royale, changé en château fort !...

» Grand Dieu ! où sommes-nous, où nous » a-t-on conduits !

» Paris a revu les scènes de Cadix.

» A Paris, comme à Cadix, des individus que » décore un habit qu'ils profanent, imbus d'une » haine ancienne contre nos institutions, dres- » sent les soldats qui leur sont confiés pour le plus » noble usage, à massacrer un peuple sans armes.

» En tous pays ces hommes sont les mêmes : en-
» nemis nés de toute raison, esclaves acquis à tous
» préjugés quels qu'ils soient. Aussi qu'a besoin
» le trône de l'entourage d'une armée, au milieu
» d'un peuple sans défense et dont la partie ar-
» mée garantit tout par son zèle comme par
» son nombre?

» A quoi sert d'ailleurs, qu'empêche cette
» armée, le jour où le crime veut agir? Quel
» bras a-t-elle retenu?

» La France entière saura ces scènes, les ressen-
» tira, en sera ébranlée peut-être... Où peut nous
» conduire une crise pareille, après toutes celles
» dont se compose notre triste existence depuis
» six ans...! Oui, depuis six ans, tout bonheur a
» fui de la France, tout bonheur en fuira à jamais
» si l'on ne se hâte de suivre ce que, il n'y a pas
» plus de trois mois, j'indiquais comme le seul
» moyen de salut : *le changement complet de la*
» *direction du Gouvernement et le renvoi immé-*
» *diat, entier, éternel de tous ceux qui nous ont*
» *menés au bord de cet abyme avec un aveuglement*
» *et un entêtement dont jusqu'à eux on ne croyait*
» *pas l'humanité capable.* Loin de nous, tous ces
» hommes qui se plaisent à faire de tous les Fran-
» çais des complices d'un *Brutus de cabaret;* loin
» de nous tous ces hommes qui nous traitent tous

» de révolutionnaires et de conspirateurs ; qu'ils » mettent entre notre impureté et leur pureté » toute la distance qu'ils voudront, la plus gran- » de sera toujours la meilleure ; qu'ils s'éloignent » d'une terre indigne de leurs hautes vertus, et ne » portant qu'une race gangrénée ; nous ne sommes » pas faits pour respirer le même air qu'eux ; leur » absence ne stérilisera pas la France, elle ne fera » pas plus dessécher son sol que son génie ; sans » eux, la France a commandé à l'Europe ; avec » eux, elle a été commandée par elle ; qu'ils se re- » tirent, tous les directeurs d'affaires, qui depuis » six ans ont si bien dirigé celles de la France, à » la vue de ce qu'une restauration a valu à l'An- » gleterre, à l'Espagne, à la France (1) ! Impru- » dens ! ils ont fait courir le risque de rendre les » peuples irréconciliables avec ce mot, et leur » ont appris par là à pousser les révolutions jus- » qu'au bout ! Qu'ils disparaissent, ceux qui ne » savent qu'environner le trône d'une armée plus » forte que celles de plusieurs états, et de soldats » étrangers qui offusquent les regards et pèsent » sur le cœur des Français. Qu'ils s'éloignent tous » ces courtisans qui, ignorant la France, incon- » nus d'elle, assiègent le trône de terreurs, calom-

(1) Voyez la note, page 31.

» nient la nation auprès de lui et l'exposent à être » calomnié par elle ; ce n'est ni l'amour, ni l'hon- » neur de la France, qui les a ramenés dans son » sein, mais la soif du commandement, de la for- » tune et de la vengeance, si elle eût été possible.

Page 243 de l'Ouvrage.

« Paris a revu les dragonnades.

» Paris a revu les irruptions du prince de » Lambesc dans les Tuileries.

» Paris a vu faire par des soldats français ce » que ne se sont permis ni ceux de la Prusse, ni » ceux de la Russie. La capitale de la France a » vu cent mille de ses habitans dans le cas d'être » foulés aux pieds des chevaux de la garde royale, » pour une chose qui, en Angleterre, n'eût pas » mis cent constables en mouvement. »

Nous disons, Messieurs, que ces deux morceaux très étendus, ainsi que vous le voyez, tendent à armer la masse du peuple contre deux classes de la nation, contre les troupes et contre ces malheureux Français qui, revoyant leur patrie après un long exil, y ont trouvé tant de sujets de regrets et de douleur, dont ils ont fait aussitôt à l'intérêt public le magnanime sacrifice, que, comme nous l'avons annoncé, on a marché vers ce but, en appelant à son aide la haine, le ressentiment et la peur ; en peignant le Gouvernement sous des couleurs odieuses, et en prophétisant l'évènement que l'on veut amener. D'abord, n'est-ce pas exciter la haine contre les émigrés et les soldats, que d'en parler comme on le fait ici ?

Les premiers sont décorés *d'un habit qu'ils profanent ; ils sont ennemis nés de toute raison, esclaves acquis à tous les préjugés, quels qu'ils soient. Sans eux la France a commandé à l'Europe ; avec eux elle a été commandée par elle. Ils ont fait courir le risque de rendre les peuples irréconciliables avec le mot restauration, et leur ont appris à pousser les révolutions jusqu'au bout. Ce n'est ni l'amour ni l'honneur de la France qui les a ramenés dans son sein, mais la soif du commandement, de la fortune et de la vengeance.*

Nous n'éprouvons, Messieurs, le besoin de nous livrer à aucun commentaire, mais uniquement celui de nous arrêter un moment, pour gémir avec vous de voir des Français attaqués avec cette virulence dans un ouvrage français ! de voir qu'on leur impute (est-ce bien à eux que ce reproche est adresse) d'avoir appris aux peuples à pousser les révolutions jusqu'au bout, de même qu'on leur imputait, au début de la révolution, d'incendier leurs propres châteaux ! de voir enfin que l'on a la cruauté d'accuser d'une soif insatiable de fortune ceux qui ont sacrifié la leur tout entière à l'accomplissement d'un devoir !

Quant aux soldats, ils sont représentés comme inutiles. *Qu'a besoin le trône de l'entourage d'une armée?*

Il y a plus, ils méconnaissent leurs devoirs et leurs sermens.... *Qu'empêche l'armée le jour où le crime veut agir? quel bras a-t-elle retenu?*

Ah! que certains écrivains, quand ils jettent en avant ces motifs de défiance contre l'armée, voudraient bien être crus sur parole! que leur joie serait grande, si le Gouvernement, assez insensé pour suivre leurs conseils, se privait de ce salutaire appui! Mais non, qu'ils se désabubusent! le Prince continuera à honorer l'armée de sa confiance, et l'armée à être fidèle au Prince. Les évènemens du mois de juin sont, d'un côté, une leçon, de l'autre, un gage pour l'avenir.

A l'aiguillon de la haine, on ajoute celui du ressentiment en peignant sous les plus fausses couleurs des évènemens récens.

On représente *les citoyens assaillis par la garde du Prince, assassinés par ceux qu'ils payent pour les défendre; des soldats français faisant ce que ne se sont permis ni ceux de la Prusse, ni ceux de la Russie.... Paris,* dit-on, *a revu les dragonnades; il a revu les scènes de Cadix.... A Paris comme à Cadix des individus que décore un habit qu'ils profanent, animés d'une haine ancienne contre nos institutions, dressent les soldats qui leur sont confiés pour un plus noble usage, à massacrer un peuple sans armes.*

Ainsi la loyauté de nos militaires est attaquée par des accusations d'assassinats, et d'assassinats prémédités, avec l'atrocité la plus exécrable, puisque leurs officiers les dresseraient à massacrer un peuple sans armes. Nos troupes françaises (ô honte!) sont peintes comme plus farouches et plus hostiles envers nous que les cohortes de l'étranger!

Si ces imputations étaient vraies, combien le ressentiment serait naturel et combien la vengeance serait excusable! Combien par conséquent la guerre civile serait près de nous!

Mais non, tout est faux dans ce tableau hideux autant que fantastique, et c'est ainsi que la calomnie vient au secours de la sédition.

Bientôt une procédure solennelle fera connaître à la France et à l'Europe entière si ce furent des assassins, que ceux dont le courage aussi calme et aussi généreux que ferme et inébranlable, étouffa la révolte et assura la liberté des délibérations.

Mais vous, Messieurs, vous n'avez pas besoin du résultat de cette épreuve judiciaire, pour asseoir votre opinion; tous vous fûtes témoins des attentats du mois de juin. Paris les a jugés comme la postérité les jugera; il a admiré la longanimité de ces braves régimens qui, pendant si long-temps, n'opposèrent aux invectives, aux menaces, aux voies de fait, que l'invitation adressée aux séditieux d'obéir à la loi en se dispersant, et qui n'employèrent la force que quand ils eurent acquis la conviction de l'urgente nécessité de ce triste et dernier remède.

Cherchez, Messieurs, le but que l'on peut se proposer en présentant ces hommes d'honneur comme des monstres altérés de sang, et voyez si vous pourrez en découvrir un autre que celui signalé par l'arrêt de renvoi.

Nous avons dit que le motif de la peur était aussi mis en œuvre.... « Le sang français a » coulé dans Paris ; dans l'état où des imprudens » ont conduit les choses, où peut-il ne pas cou- » ler ? en *quelle abondance* et *où* s'arrêtera cette « horrible libation ? »

Ainsi l'on dit aux Français : ce qui s'est fait n'est qu'un prélude. Paris a été ensanglanté ; toute la France le sera.

Vous avez à gémir de quelques meurtres ; vous en aurez à déplorer un nombre immense. N'est-ce pas comme si l'on avertissait chacun qu'il doit songer à sa sûreté personnelle, qu'il est dans le cas de légitime défense, que toute ressource lui est permise pour dérober sa tête au fer que l'oppression et la barbarie tiennent suspendu sur elle ?

Voyez actuellement, Messieurs, de quelle manière on ajoute à l'activité de ces fermens de discorde en excitant, comme nous l'avons annoncé, le mécontentement des sujets du Roi contre son gouvernement.

« Oui, dit-on, depuis six ans *tout bonheur a* » *fui de la France*, *tout bonheur en fuira à* » *jamais*, si l'on ne se hâte de suivre ce que, il » n'y a pas plus de trois mois, j'indiquais comme » le seul moyen de salut. Le changement *com-* » *plet* de la direction du Gouvernement et le ren- » voi entier, éternel de tous ceux qui nous ont » menés au bord de cet abyme. »

»..... Qu'ils se retirent tous les directeurs d'af- » faires, à la vue de ce qu'une restauration a » valu à l'Angleterre, à l'Espagne, à la France... » La restauration, contre sa nature, a si mal » réussi jusqu'à ce jour, que je crois devoir à » l'honneur de mon nom, de publier que de- » puis ma sortie du conseil des souverains, dans » lequel fut décidée cette restauration, *j'ai été* » *éloigné des affaires*..... De tout ce qui a été » fait depuis cette époque, *je ne connais pas*

» *trois actes auxquels j'eusse voulu donner mon* » *approbation et encore moins ma signature.* »

D'autres, Messieurs, peuvent chercher à découvrir, dans ces dernières phrases et particulièrement dans ces mots, *j'ai été éloigné des affaires*, le secret des sentimens de l'auteur; nous qui avons adopté, comme plan invariable, de vous occuper du livre et non de l'écrivain, nous devons appeler votre attention sur d'autres points.

Il est convenable que, sous un gouvernemeut tel que le nôtre, on puisse discuter avec modération et bonne foi les actes du gouvernement.

Mais ce qui est intolérable, c'est que mettant la déclamation à la place de la logique, et la violence à la place de la raison, on frappe d'anathème, en masse et sans daigner les examiner, tout l'ensemble des actes du Gouvernement royal, depuis qu'il existe.

Dans une des pages du livre saisi, on parle des malheurs résultant de l'*incompatibilité* (le mot est heureusement trouvé) qui s'établit quelquefois entre un souverain et son peuple.

Et comment voulez-vous qu'elle ne naisse pas, cette incompatibilité déplorable, s'il est permis à des écrivains d'exciter dans tous les cœurs un sentiment de malaise imaginaire, en proclamant

5..

que *depuis six ans*, *tout bonheur a fui de la France ?*

Tout bonheur a fui...... Si ces effrayantes paroles étaient vraies, encore serait-ce une vérité que le sage, l'homme de bien, devraient s'efforcer d'adoucir, pour éviter les maux de la révolte et de la guerre civile, toujours plus grands que ceux de l'obéissance.

Mais du fond de quelle conscience pourrait jamais partir cette assertion calomnieuse : *tout bonheur a fui de la France*, quand elle jouit de la paix au dehors et du calme au dedans, sous le sceptre paternel d'un Bourbon, sous l'autorité de la Charte, sous l'empire des lois ?

Ne craignons donc pas de dire que cette inexcusable déclaration ne peut tendre qu'aux troubles et à la révolte, en éteignant chez les peuples toute affection pour le Gouvernement.

Douteriez-vous, Messieurs, de cette intention, quand vous voyez la comparaison de ce qu'ont *valu la restauration de l'Angleterre, celle de l'Espagne, celle de la France ?* La destruction du trône, comme en 1688.... ou.... ce que nous ne qualifions pas, ce que l'Europe épouvantée vient de voir chez nos voisins, voilà donc l'alternative que l'on nous offre !

Enfin, pour achever d'ébranler les imaginations, des prophéties sinistres couronnent l'œuvre de la provocation : « La France entière saura ces » scènes, les ressentira, en sera ébranlée peut- » être !.... où peut conduire une crise pareille, » après toutes celles dont se compose notre triste » existence depuis six ans !.... »

Messieurs, nous ne pouvons ici que vous dire encore une fois : jugez de l'effet d'un pareil écrit. Désormais la décision existe dans vos esprits ; elle est invariable, car elle dépend d'une impression, et cette impression est complète, puisque vous avez entendu tout ce qui, dans le système de l'arrêt de renvoi, constitue la prévention. Vous déciderez actuellement cette question : l'effet combiné de la haine, du ressentiment, de la frayeur de l'avenir, du mécontentement contre l'autorité et de la croyance à de grands malheurs, n'est-il pas d'exciter à la guerre civile ? L'écrit qui tend à faire naître toutes ces affections en employant des assertions calomnieuses et des expressions violentes, n'est-il pas une provocation à ce crime ?

Il nous reste à nous expliquer sur le dernier délit qualifié par l'arrêt de renvoi, l'attaque formelle contre l'autorité constitutionnelle du Roi et des Chambres. Nous le ferons avec moins d'étendue, parce qu'ici l'écrit saisi ne nous offre pas une matière aussi vaste.

Quelques observations préliminaires sont indispensables.

La presse, entre autres dangers (dangers qui ne peuvent faire oublier le bien qu'elle opère, mais auxquels il est pourtant nécessaire d'obvier), en présente deux que la loi a vus d'un œil différent, les provocations et les doctrines répréhensibles.

Les provocations s'adressent aux passions, les mauvaises doctrines tendent à pervertir le jugement. On a cru que les premières menaçaient la société plus immédiatement et plus sérieusement que les autres, qu'en conséquence il fallait se prémunir avec plus de soin contre celles-ci.

Conduit par cette pensée, on a dit : toute provocation à un crime ou à un délit sera punie, quelle que puisse être sa forme.

Mais quant aux doctrines qui attaqueront, soit les hauts pouvoirs de la société, soit les droits concédés par la Charte aux Français, elles ne seront criminelles qu'autant que l'attaque sera formelle.

Dans cette cause, le ministère public doit donc prouver, non-seulement que l'autorité constitutionnelle du Roi et des Chambres est attaquée, mais encore qu'elle l'est formellement; c'est l'engagement que nous prenons.

Voyons d'abord en quoi consiste cette autorité constitutionnelle. Elle consiste, entre autres choses, dans la création de la loi, à laquelle vous savez que chacune des trois branches du pouvoir législatif concourt selon le mode établi par la Charte.

Trois choses sont également vraies, relativement au pouvoir législatif, ainsi organisé :

La première, qu'il existe comme principe fondamental du Gouvernement.

La seconde, qu'il représente tous les intérêts sociaux.

La troisième, qu'il est souverain, c'est-à-dire que ses actes ne sont soumis à aucune révision.

Il n'en a pas toujours été ainsi. Sous la constitution de l'an 8, les actes du pouvoir législatif pouvaient être attaqués par le recours au sénat, pour cause d'inconstitutionnalité (ce qui jamais n'a existé qu'en théorie, par des raisons que chacun sait).

Mais aujourd'hui il n'y a nul recours, et encore une fois le pouvoir législatif est souverain.

Sans doute, dans une session postérieure, on peut abroger la loi, mais ce n'est là ni la casser ni la reviser; car, pour le passé, elle conserve toujours ses effets, et il n'y a aucune puissance au monde qui ait la faculté de les lui ravir.

Dès qu'il est également de l'essence du pouvoir législatif d'exister, de représenter tous les intérêts sociaux, et d'être souverain, on peut *attaquer formellement ce pouvoir* (et par conséquent l'autorité constitutionnelle du Roi et des Chambres) de trois manières distinctes.

D'abord, en niant son existence;

Secondement, en soutenant qu'il ne représente pas les intérêts sociaux;

Troisièmement, en contestant sa souveraineté, et en le présentant comme sujet à une révision quelconque.

Ici on n'attaque pas, il est vrai, l'existence du pouvoir législatif, mais d'une part on prétend qu'il ne représente pas les intérêts sociaux, de l'autre on nie formellement sa souveraineté, en soutenant que ses actes peuvent être annulés par ce que l'on appelle *l'opinion générale.*

Relisons le passage de la page lij de l'Introduction (1), que nous avons déjà examiné sous un autre rapport.

Nous pourrions, Messieurs, faire ici plusieurs observations, les unes en principes, les autres

---

(1) Voyez page 77.

en fait, sur cette affectation que l'on met à appeler le mépris sur la loi d'élection actuelle, en parlant sans cesse de la proportion numérique des suffrages.

En principe d'abord, quand on parle de la *majorité législative* (ce sont les expressions dont on s'est servi), il faut faire le calcul de cette majorité, non-seulement dans la Chambre des Députés, mais dans la Chambre des Pairs, puisque ces deux corps concourent d'une manière égale à la formation de la loi.

Mais, en fait, ce n'est pas par une majorité de cinq suffrages que la loi a été acceptée dans la Chambre des Députés, c'est par une majorité composée des deux tiers de la Chambre. Il est vrai que l'un des articles, pris isolément, n'a passé qu'à une pluralité de cinq voix; mais, quand on a voté sur l'ensemble (et par conséquent sur cet article comme sur les autres), la Chambre, éclairée par la discussion, et applaudissant avec transports à l'heureuse conciliation qui s'était opérée, a accueilli le projet avec la plus imposante majorité qui ait existé depuis 1815. Voilà ce qu'il fallait dire pour être vrai et impartial, et sur-tout il ne fallait pas parler du résultat du scrutin sur un article, comme s'il se fût opéré sur la loi. « Il faut

» qu'une loi aussi capitale ait reçu l'imposante » sanction d'une majorité de cinq voix. »

Enfin, Messieurs, on n'aurait pas dû oublier que la loi du 5 février 1817, jadis objet du culte et maintenant objet des regrets d'un parti, avait triomphé à l'aide d'une majorité législative infiniment plus faible.

Ce que nous venons de dire nous donne la mesure de la bonne foi qui règne dans cet ouvrage.

Mais attaquons de plus près la question.

Tout le délit est dans ces paroles, qui sont la conclusion du raisonnement précédent... *Lorsque la loi est évidemment contraire au vœu de l'opinion générale, lorsque la majorité législative ne représente plus qu'elle même...*, et dans celles-ci..., *il y a toujours un recours du vote émis par la majorité législative au tribunal de la majorité nationale, qui le confirme ou l'infirme; dans ce cas, la loi matérielle peut tenir, mais la loi morale n'existe pas.*

Ainsi deux propositions sont énoncées.

La première, c'est que dans la discussion de la loi d'élection, *la majorité législative n'a représenté qu'elle-même.*

Il y a dans cette assertion l'attaque la plus formelle contre l'autorité constitutionnelle, soit des deux Chambres, soit de la Chambre des Députés, si l'on n'a entendu parler que de la Chambre des Députés;

Car les Chambres n'agissent dans le mouvement du corps politique que par leurs majorités. L'opinion de la majorité d'une chambre est celle de cette chambre, comme le suffrage de huit d'entre vous, Messieurs, est la décision de tout le jury.

Le Roi et les Chambres, comme nous l'avons établi, représentent les intérêts sociaux.

Il est également vrai de dire, par conséquent: le Roi et la majorité des Chambres représentent les intérêts sociaux.

Maintenant, soutenir que la majorité d'une Chambre ne représente qu'elle-même, c'est incontestablement lui dénier sa part dans la représentation des intérêts sociaux : c'est donc attaquer formellement son autorité constitutionnelle.

L'autre proposition est, que la loi est soumise à la révision de la majorité nationale, qui la confirme ou l'infirme.

Nous nous demanderons tout à l'heure ce que c'est que la *majorité nationale;* mais quant à présent, supposons qu'elle soit un être réel.

Elle confirme, dit-on, la loi; donc le pouvoir législatif n'est pas souverain.

Mais nous avons vu que la souveraineté était de son essence.

Par conséquent, en niant cette souveraineté, on combat ouvertement une des conditions constitutives de ce pouvoir, en d'autres termes; on attaque formellement l'autorité constitutionnelle du Roi et des Chambres.

Messieurs, nous avons en jurisprudence une expression remarquable : la chose jugée est la vérité.

Eh bien! qu'est-ce que la loi? C'est aussi la chose jugée; c'est la cause des besoins de l'Etat et des intérêts de la patrie, décidée par le plus auguste des tribunaux; nul n'a le droit de l'attaquer, ce jugement; car c'est une vérité politique, comme vos décisions, Messieurs, sont des vérités judiciaires.

Nous ne contestons pas aux écrivains le droit de demander que d'autres lois modifient ou abrogent celles qui existent; mais ce qui ne peut être toléré, c'est que l'on dénie à celles-ci la puissance suprême avec les attributs qui la composent; or, c'est ce que fait le livre saisi.

Nous avons prouvé que lors même que cette majorité nationale, dont on parle avec faste, serait un être réel, il serait criminel de la représenter comme pouvant briser l'œuvre du pouvoir législatif.

Mais si c'est un fantôme décoré d'un nom pompeux, notre démonstration sera bien plus rigoureuse encore.

Majorité nationale, qu'entendez-vous par-là? Est-ce la moitié plus un de tous les Français, ou la moitié plus un des Français auxquels la Charte accorde des droits politiques?

La première partie du dilemme est insoutenable; car alors vous seriez forcé de faire entrer dans le calcul, pour la part la plus forte, des hommes illettrés et courbés sous le poids du travail, que dans tous les pays on tient éloignés des affaires publiques.

S'il s'agit de la majorité des Français auxquels la Charte accorde des droits politiques; comme il est impossible de scinder la Charte, et qu'il faut la prendre dans son ensemble, vous serez forcés de nous accorder que cette majorité ne peut exprimer son opinion que de la manière réglée par la Charte. Or, d'après la Charte, la majorité des hommes investis de droits politiques, n'a d'autre organe que la Chambre des Députés. Voyez donc ce que devient votre proposition : vous soumettez la Chambre des Députés à la révision d'une majorité qui n'a d'autre voix pour se faire entendre que la Chambre des Députés elle-même.

Proclamons d'ailleurs cette vérité, qu'il ne peut y avoir *majorité*, dans le sens légal et politique, que là où il y a discussion, là où tout le monde est forcé de l'entendre, là où il y a un mode de supputation des suffrages. Voilà ce qui avait lieu sur la place publique d'Athènes et dans les comices de Rome, où toutes ces conditions existaient; mais chez nous, où elles manquent toutes, la majorité nationale, dans le sens où vous la prenez, est une chimère, que l'auteur du Contrat social lui-même eût flétrie de son mépris.

Mais cette chimère mérite votre sévérité, Messieurs, parce qu'elle est dangereuse pour des esprits irréfléchis ou faussés par les dogmes révolutionnaires : suivons dans leur marche les hommes de parti. Une loi est proposée, ils en combattent le projet par des écrits violens, par des pétitions menaçantes; elle se discute, ils essaient de rompre la majorité qui l'appuie en la frappant de terreur par des rassemblemens séditieux et des clameurs forcenées. Cette loi est adoptée; ils en appellent de la décision des pouvoirs légaux à une prétendue majorité nationale, c'est-à-dire, dans la réalité du droit, à la force; de la haute sagesse des corps délibérans à la violence insensée de la multitude. Non l'invocation de la majorité nationale, en opposition à la loi, n'est autre chose que la dernière raison des factieux.

Le livre saisi présente donc trois caractères séditieux :

Provocation à la désobéissance aux lois;

Provocation à la guerre civile;

Attaque formelle contre l'autorité constitutionnelle du Roi et des Chambres.

Si ces vérités vous sont démontrées comme nous n'en pouvons douter, l'auteur est coupable; c'est une conséquence évidente.

En est-il de même du sieur Béchet, libraire?

Nous ne le pensons pas.

Nous ne perdrons pas des momens précieux à chercher, grammaticalement parlant, quelle est la qualité du sieur Béchet, s'il est éditeur, ou simplement distributeur; ce serait une dispute de mots complètement oiseuse.

Les principes sont simples en cette matière; c'est la publication d'un livre répréhensible qui constitue le délit. Ainsi on sera auteur principal de ce délit, complice ou innocent, selon la manière dont on aura concouru à la publication.

L'auteur principal du délit est celui par l'ordre duquel se fait la publication; ici, c'est l'écrivain.

Le complice est l'imprimeur ou le libraire

qui a aidé et assisté l'auteur principal dans les faits qui ont préparé, facilité et consommé la publication, et qui l'a fait avec connaissance (ce sont les termes de la loi).

Deux conditions sont donc nécessaires pour constituer la complicité :

L'aide et l'assistance matériels;

La connaissance de ce que l'ouvrage contient de criminel.

Si l'une de ces conditions manque, l'individu prévenu de complicité doit être déclaré non coupable.

Ici, il y a de la part du sieur Béchet aide et assistance matériels.

Mais y a-t-il connaissance? Voilà la question : et sa solution dépend de cette autre : pensez-vous que le sieur Béchet ait lu le livre?

Il a pu ne pas le lire, et cela suffit; il a pu ne pas le lire, car l'auteur avait publié plusieurs ouvrages dont aucun n'avait été saisi, et c'en était assez pour fonder la sécurité du sieur Béchet.

Le vrai et le seul coupable ici est donc l'écrivain.

Messieurs, les décisions que vous rendez dans ces causes ne sont pas seulement l'expression de la stricte justice, et sont encore des sentences d'équité.

La société et le prévenu sont en présence devant votre tribunal.

La société reproche au prévenu le mal qu'il lui a fait, ou qu'il a tenté de lui faire.

Le prévenu se défend d'abord en soutenant que son écrit ne contient rien de dangereux.

Si ses efforts dans cette première partie du combat ne sont pas heureux, il se retranche dans ses intentions, et le fait souvent avec succès.

Oui, quand vous êtes convaincus que les intentions ont été pures, bien que la plume ait été imprudente, vous prononcez une absolution que tous les cœurs honnêtes ratifient.

Quel est l'auteur qui peut alléguer l'excuse de ses intentions ? c'est celui qui probablement se proposait un but louable et utile, et que trop de chaleur a entraîné au-delà des justes bornes.

Mais si l'ouvrage, dans les circonstances où il a été publié, ne pouvait évidemment produire aucun bien, et s'il devait nécessairement opérer du mal; si l'auteur n'a pu se faire illusion sur les effets de son écrit, la même équité qui dicte l'absolution de celui dont les intentions ont été pures, réclame hautement toute votre rigueur contre lui.

Cherchez maintenant, Messieurs, si l'auteur du livre saisi pouvait se proposer un but légitime et propre à lui servir d'excuse.

Nous ne dirons pas qu'elle était jugée depuis long-temps, cette loi dont il s'est fait l'ardent panégyriste; que les destinées de la France, son honneur même compromis par une nomination effroyablement scandaleuse, en réclamaient l'abrogation comme le plus urgent de tous les remèdes.

Nous placerons l'auteur dans la plus favorable de toutes les hypothèses : nous lui accorderons, s'il réclame cet étrange avantage, qu'il a été assez aveugle pour ne pas voir ce qui a frappé les yeux des hommes sages, qu'il est resté jusqu'à la fin, partisan de bonne foi de la loi du 5 février.

Nous disons que dans cette situation d'esprit, il a pu gémir sur la destruction d'une institution que son jugement trompé lui présentait comme digne de regrets; mais qu'en qualité de citoyen, tout lui interdisait d'écrire sur cette matière de manière à émouvoir les passions.

Comment! la capitale venait de voir des scènes affligeantes! Elles avaient frappé l'auteur, et même outre mesure, car vous avez remarqué l'exagération avec laquelle il en parle. On avait tenté en même temps (et vous voyez toujours ces désordres qui partent d'un centre commun se manifester à la fois sur plusieurs points), on avait tenté de répandre le trouble et le deuil dans d'autres villes; et c'est le moment où ces attentats sont encore flagrans, où les esprits sont irrités, où les cœurs sont ulcérés, où les bras sont en quelque sorte encore levés pour frapper, que l'on choisit pour mettre au jour un livre provocateur, dont l'effet inévitable est de redoubler cette fièvre qui agite tant de cerveaux, et qui peut les porter aux dernières fureurs !

Eh ! quel est l'intérêt de cette dangereuse publication ? S'agit-il de sauver une loi, objet d'un amour si passionné ? Non, elle n'existe plus ; l'arrêt de mort qui l'a frappée est irrévocable ; on n'écrit pas sa défense, mais son oraison funèbre. Ce ne sera donc que pour exhaler de vains regrets et des plaintes inutiles que l'on se livrera à une publication si propre à troubler la tranquillité publique.

Messieurs, ce sont des prophètes bien inspirés (car les évènemens se chargent toujours de justifier leurs prédictions), que ces hommes d'état et ces magistrats qui n'ont cessé de nous dire depuis long-temps que le danger de la France est dans la licence des écrits ; que c'est là la racine du mal, et qu'il faut l'extirper; que tout le reste n'est qu'un vain palliatif.

Il n'y a que quelques instans que la terre a tremblé sous vos pas. La commotion est si récente, que vous la ressentez encore; cette commotion peut-être salutaire, si vous savez profiter de l'avertissement qu'elle vous donne, pour travailler à affermir l'édifice assis sur un sol menaçant.

Messieurs, l'apparition d'un écrit séditieux entre les troubles de juin et la tentative d'août mérite attention et sévérité; cette circonstance parle plus énergiquement que tout le reste.

M. de Pradt se lève : Monsieur le président, dit-il, je vous prie de m'accorder et de me maintenir la parole pour quelques instans, je n'ai que peu de mots à dire.

Le président donne la parole à M. de Pradt, qui s'exprime en ces termes :

Messieurs, aux jours de l'assemblée constituante, on vit le plus vénérable des vieillards, le cardinal de la Rochefoucauld (1), courber sa tête, chargée de toutes les dignités de l'église et de l'état, sous le poids d'une accusation qui menaçait ses derniers ans de s'éteindre dans l'ombre

(1) M. l'archevêque de Malines est neveu de feu M. le cardinal de la Rochefoucauld.

d'un cachot. Une lettre surprise par le Comité des recherches le fit accuser, comme je le suis aujourd'hui, de provoquer à la désobéissance aux lois de son pays. Sa gloire ne souffrit point de cette épreuve : qui, surtout dans les temps de troubles, peut se flatter de rester toujours à l'abri de pareilles attaques? et d'ailleurs, quelle distance ne sépare pas les délits contre la politique d'avec ceux qui offensent la morale.

Un livre inspiré par le désir de donner à mon pays, dans les circonstances critiques où il se trouvait, un gage éclatant de mon zèle pour le servir, attire sur moi l'accusation que vous venez d'entendre. Placé dans la même situation où comparut l'homme vénérable que j'ai cité, je me présente avec la confiance qu'il montra, avec l'espoir qu'une innocence égale à la sienne protégera mon honneur comme elle protégea le sien.

Réservant pour d'autres temps et pour d'autres discussions l'appareil des discours étudiés, dans ce jour, mes paroles ne peuvent porter que la seule empreinte du deuil dont pénètre mon âme ma présence dans un lieu contre l'accès duquel le caractère dont je suis revêtu, et ma vie entière, devaient à jamais me garantir. Si dans ce jour, la morale publique est offensée, si les regards d'un peuple, chez lequel le sentiment des convenances est un législateur toujours agissant et toujours écouté, se trouvent blessés, il m'importe, avant tout, de montrer que je n'ai aucune part dans leur injure.

Servir et souffrir dans un temps, recueillir dans un autre, tel fut à peu près le partage de ceux qui se vouèrent au culte de la vérité, qu'elle fût adressée soit aux peuples, soit aux rois.

Depuis beaucoup d'années, j'ai embrassé son service dont les temps de parti redoublent les dangers. De nombreux écrits attestent mes efforts, aussi bien que l'esprit général et uniforme de bienveillance pour l'humanité qui les a dictés. De quelques contrées et de quelques hommes que j'aie parlé, en eux je n'ai considéré que les membres de la grande famille humaine, et dans leurs erreurs mêmes, je n'ai adressé de reproches qu'à ce qui pouvait leur nuire. C'est ainsi que traitant de sujets divers, homme, j'ai défendu les droits des associations humaines; français, ceux de la famille glorieuse à laquelle le ciel m'a accordé d'appartenir; prêtre, ceux de l'église célèbre dont j'ai l'honneur d'être un des chefs.

En écrivant ainsi, je sentais le caractère de ma profession s'agrandir et s'ennoblir par son union avec les intérêts de la société; car j'ai toujours pensé que les remparts des temples s'affermissaient en s'appuyant sur ceux de l'édifice social.

Dans les temps d'agitation et de parti, il est rare que la loi sorte du sein du législateur entièrement pure et dégagée de tout motif étranger aux circonstances qui la voient naître. Il est rare qu'on ne demande pas aux lois encore plus l'appui de leur force, que celui de la justice et de la raison seules. Hélas! combien de fois, même parmi nous, cette théorie n'est-elle pas devenue une affligeante réalité!

Dans ces derniers momens, j'ai vu les partis attachés à ébranler les fondemens de nos institutions, et pour les raffermir, j'ai dit quelle était la sainteté des lois, la majesté du trône, la fidélité due à la Charte. J'ai vu répandre des doctrines funestes, et, en rétablissant l'honneur des principes violés, j'ai cherché à purger la société de ces poisons. J'ai entendu, au sein d'un régime constitutionnel, *demander l'arbitraire et promettre de mauvaises lois*, et j'ai demandé à mon tour si un pareil langage pouvait être adressé, par les premiers ministres des lois, au peuple le plus éclairé de l'univers, à ceux qui ont vu trois millions de leurs frères s'immoler pour acquérir la liberté fondée sur la raison et sur les lois.

J'ai vu préparer les discussions destinées à décider du sort de ce peuple, par l'abandon des principes et des doctrines hautement professées, et j'ai demandé de nouveau si les doctrines politiques, appliquées à la conduite des sociétés, ne devaient pas avoir la stabilité des doctrines religieuses elles-mêmes, et s'il existait quelque moyen de diriger les hommes hors des routes de la morale.

Il existe un contrat entre les lois et les sujets; celles-ci exercent un empire immense sur eux; et, pour que le contrat soit égal, si l'obéissance des uns doit être sans réserve, la pureté des autres doit être sans nuage. Le législateur doit être toujours prêt à prouver que, dans la confection de la loi, il n'a jamais perdu de vue ce qui doit servir de modèle à toutes, la justice, qui n'est que la nature éternelle des choses. C'est elle qui fait le lien véritable entre l'homme et la loi. La législation doit être plus imposante, à mesure que les intérêts qu'elle atteint sont plus relevés eux-mêmes, à mesure que les sujets sont mieux pourvus des lumières propres à leur faire apercevoir les principes, les motifs et les conséquences de la loi. Alors, par un effet admirable de la lumière, ce sont les sujets qui forcent le législateur à se surveiller lui-même.

Une loi qui égale en importance celle qui appartient à la loi qui confère la couronne dans les contrées où celle-ci dépend du droit d'élection, venait d'exciter parmi nous les plus violens orages : c'est un des grands évènemens de ces derniers temps, ce sera un des plus féconds en résultats. Rechercher son origine, l'esprit qui a présidé à sa confection, les moyens qui l'ont fait prévaloir, montrer sa liaison avec l'ordre général et le mouvement de la civilisation actuelle, tel fut le but que l'utilité publique m'indiqua. Je n'ai consulté qu'elle : occupé de la seule pensée de rappeler le législateur à un retour salutaire sur lui-même et sur son ouvrage, au lieu de travailler à ébranler la société, j'ai cherché à l'épurer et à la raffermir. Le gouvernement constitutionnel nous en a donné le droit. En nous invitant à assister aux apprêts de la confection de la loi, il nous a rendus les juges de tout ce qui l'a précédée et qui l'entoure : il n'a pu nous interdire de rendre ce qui a frappé nos yeux et nos oreilles, ni de rappeler le langage des législateurs eux-mêmes. Par cet ordre de publicité, nouveau parmi nous, il n'appartient plus qu'aux gouvernemens qu'aucune publicité n'éclaire, d'alléguer les excitations au mépris de lois faites en public; car comment, hors d'une atteinte évidente à la vérité, pouvoir exciter au mépris de ce qui se passe sous les yeux du monde entier ? Alors il n'y a plus que des faits à juger; et si quelque blâme est encouru, sur qui retombe le reproche, de celui qui a fourni le fond du tableau, ou de celui qui n'a fait que le tracer ? Quel serait le sort des sujets dans un ordre où le législateur pourrait invoquer le bras de la justice pour se venger de la fidélité du tableau de ses erreurs? Quel est parmi nous l'embarras du citoyen, placé comme nous le sommes entre la liberté extrême de notre tribune législative et les restrictions de nos censeurs? Comment arriverions nous à faire l'histoire et l'esprit de nos lois? L'ordre constitutionnel, sur lequel je me suis appuyé, et dont je ne me sépare jamais, est la confirmation du droit qu'en toute société le citoyen a de surveiller ses actes : ce droit s'accroît par la suspension comme par l'absence des institutions, et c'est alors au zèle des citoyens à remplir les lacunes des codes...

Telles étaient, Messieurs, les pensées qui m'occupaient, lorsque des évènemens dont je voudrais pouvoir effacer jusqu'au souvenir, vinrent montrer la guerre allumée au sein de la capitale, et prête à étendre ses ravages sur la France. Qui pouvait alors sans frémir supporter l'image des dangers auxquels se trouvait exposée la population d'une ville qui est l'objet de l'admiration et de l'envie de l'univers? Comment ces jours de deuil n'auraient-ils pas fait revivre en moi le souvenir des scènes qui, dans le cours de nos discordes, trop souvent ensanglantèrent ses murs? Ciel! quand le bras de l'ange exterminateur est levé sur le peuple, à qui mieux qu'au prêtre convient-il de l'arrêter?... Et le sang humain a-t-il donc assez perdu de son prix pour qu'en déplorer l'effusion puisse être devenu un crime! C'est dans ces momens suprêmes qu'oubliant tout danger personnel, renonçant à de lâches déguisemens, je me suis tourné vers le trône, et qu'élevant vers lui une voix à la fois respectueuse et pressante, sûr d'interpréter fidèlement la conscience publique, et de servir d'organe à la vérité, trop long-temps retenue, je conjurai le Monarque de n'admettre sur les marches révérées de son trône que des amis sincères des institutions et de l'honneur national, de n'ouvrir la porte des conseils qu'au génie véritable de la France, de ne chercher d'appui que dans l'amour d'un peuple, toujours prêt à répondre aux appels de la confiance, qui voulant jouir enfin du fruit de travaux dont il a le droit d'être fier, ne craint que de tomber au-dessous de lui-même, et d'ajouter à la perte de l'empire acquis par sa vaillance, celle du rang que ses lumières lui assignent dans l'univers.... En tout temps, dans leurs malheurs, les Français aimèrent à se tourner vers le trône, comme vers leur consolateur et leur appui... Ce qu'admettait l'antique servitude ne peut être perdu par la liberté nouvelle ; c'est dans cet accord de la liberté avec le respect, que réside le droit des citoyens envers ceux qui les gouvernent... Ils sont grands, les droits du trône, dans notre ordre constitutionnel ; souvent dans mon ouvrage j'en ai relevé la spendeur, mais ils n'appartiennent qu'à lui seul. En dehors du monarque, qui renferme en lui-même sa famille, il ne se trouve plus que des sujets et des hommes égaux en droit de s'apprécier mutuellement d'après les services rendus à la chose publique....

La justice exige de tenir compte des circonstances dans lesquelles un écrit reçut le jour : les impressions d'un temps ne sont pas celles d'un autre.

Portez vos regards autour de vous, Messieurs, et mettez-vous à la place de ceux qui écrivent à la vue des scènes qui agitent et qui épouvantent le monde, au bruit des monarchies qui s'écroulent ou qui se métamorphosent, au milieu de systèmes et d'hommes qui tombent, se relèvent et se remplacent tour-à-tour, lorsque l'année se partage entre six mois d'orage, et les apprêts de l'orage qui va suivre. Dites si les inquiétudes de la plus juste prévoyance, si l'expression des plus vives alarmes peuvent être confondues avec celles de la sédition, et si c'est par la timidité de l'attente ou celle du silence, que l'on vient au secours de la patrie prête à périr. Combien de princes et d'états ont péri à défaut d'une sentinelle vigilante ou d'un ami assez courageux pour les avertir ! Tels sont les motifs qui m'ont dicté un ouvrage dont je voudrais voir tous les Français partager les principes et suivre les préceptes....... Les lois en seraient plus saintes, le trône plus révéré, la Charte plus religieusement observées, des jours de bonheur et de paix plus rapprochés de nous, ces jours que hâtent tous mes vœux, et pour lesquels ma vie même serait un prompt et doux sacrifice.

Maintenant que, par cette exposition publique de mes sentimens et de mes principes, je puis espérer d'avoir montré qu'aucun oubli de devoirs, qui doivent m'être plus sacrés qu'à tout autre, n'a pu légitimer mon appel en ces lieux, maintenant que le seul bien auquel je puisse consentir d'attacher quelque prix, l'estime de mes concitoyens, est en sûreté, je n'ai plus rien à ajouter à ma défense.

Elle sera complétée par l'orateur célèbre qui

a ennobli ses talens en les consacrant à la défense de l'innocence et de l'infortune. Il lui sera facile de prouver que la lettre de mon livre est aussi légitime que sa source fut pure; que tant de pages consacrées à recommander le respect des lois, la majesté du trône, la fidélité à la Charte, ne peuvent conduire à méconnaître les devoirs envers les autorités, à l'honneur desquelles mon livre, j'ose le dire, a érigé un monument; et que, pour le supposer, il faut admettre des contradictions dont un homme de sens ne peut être supposé capable. Il n'aura pas de peine à montrer la distance qui sépare un livre de droit public et d'histoire, destiné à confronter les principes de la législation, et la confection d'une loi particulière, avec un appel formel à des crimes dont l'idée seule fait reculer d'horreur. Pour intenter une accusation dont le principe suppose une grande perversité et dont les conséquences renferment d'affreux dangers, il faut des preuves qui égalent en évidence celle de la lumière du jour. Les chercher dans des interprétations, dans des rapprochemens de paroles plus qu'expliquées par le corps d'un ouvrage entier, c'est remplir la société de piéges et de dangers; c'est faire dépendre le sort des citoyens de vagues et commodes formules d'accusation, c'est renouveler l'usage de ces crimes de lèse-majesté, qui portèrent la corruption et l'effroi dans l'empire romain, et qui hâtèrent sa chute dans ces temps cruels, pendant lesquels on ne demandait pas ce qu'avait fait un homme, mais à quelle couleur il appartenait, et qui le poursuivait. L'Histoire, en gardant le souvenir de cette cause, l'ajoutera au nombre déjà trop grand de celles dans lesquelles on avait déjà vu l'existence des plus honorables citoyens soumise à l'art raffiné d'interpréter des paroles et de prêter des pensées, et sous ce rapport, la société tout entière est en cause avec moi.

Il n'échappera pas à des juges chez lesquels la droiture égale les lumières, qu'un écrit qui a pour objets les intérêts supérieurs de la société, adressé aux classes élevées parmi lesquelles se trouvent antant de juges que de lecteurs, ne porte avec lui aucun danger : que ceux-ci ne commencent qu'au point où la privation de la lumière facilite la séduction ; que dans ces causes, c'est l'absence ou la présence de la lumière qui fait le mal ou le remède ; que ce n'est point parmi les hommes occupés de suivre les sociétés dans leurs divers mouvemens, qu'il faut chercher ceux qui tendent à les troubler, et qu'un homme voué à ces hautes spéculations, qui écrit avec confiance parce qu'il croit à la bonne foi, après avoir mis les principes en sûreté, ne peut être tenu de détourner à chaque instant la tête pour regarder derrière lui, à l'usage que l'on peut faire de chaque parole qu'il sème dans une route droite, et dont le but est clairement marqué.

MM. les jurés, le jugement que vous êtes appelés à prononcer dépassera de beaucoup les limites des jugemens ordinaires sur la presse; votre décision atteindra de nouvelles questions de droit public créées par notre ordre constitutionnel... Elle dira de plus aux Français quelle est la part qui leur reste dans la faculté de manifester leur pensée, dans cette liberté précieuse si vivement désirée par eux, si vivement combattue et presque expirante aujourd'hui.

Fasse le ciel que l'esprit de parti ne s'empare pas de cette cause, dont de meilleurs conseils auraient prévenu l'éclat, pour ajouter aux germes de discordes qui déjà ne fermentent que trop au sein de notre patrie!

M. Dupin aîné, avocat de M. de Pradt, a la parole.

Messieurs, dit-il, si quelque chose pouvait attester le progrès de la philosophie moderne et des idées constitutionnelles, ce serait assurément la présence d'un archevêque en ces lieux.

Autrefois un pareil évènement eût soulevé l'Église; Rome eût fait entendre ses foudres, et l'accusé lui-même eût invoqué l'utile théorie des cas privilégiés pour se soustraire au vulgaire empire du droit commun.

C'est ainsi que naguères encore, nous avons vu chez un gouvernement voisin, un évêque (1) décliner la juridiction séculière, et quitter plutôt son siége et sa patrie, que de se soumettre à l'autorité de la justice et des lois.

Chez nous, au contraire, si d'un côté le bras séculier s'est étendu sans ménagement jusque sur la personne d'un archevêque, on a vu, en même temps, ce prélat, constitutionnel dans sa conduite comme dans ses écrits, malgré l'éloignement des lieux où il se trouvait, son grand âge, et un état de souffrance qui commandait le repos, se mettre en route pour se rapprocher de la justice et venir rendre hommage aux lois de son pays.

Cette démarche tient aussi, sans doute, à la confiance qu'il a dans l'innocence de sa cause et

(1) M. de Broglie, évêque de Gand.

dans la droiture de ses juges. Sa défense et votre jugement ne tarderont pas à convaincre la France entière qu'il ne s'est trompé ni sur lui, ni sur vous.

Ma tâche est déjà rendue plus facile par cette exposition de foi, si pleine de précision, de force, d'éloquence, et de dignité, par laquelle M. l'archevêque de Malines a voulu lui-même vous faire connaître le fond de ses opinions et toute la pensée de son livre.

Si les sentimens qu'il éprouvait au-dedans de lui-même devaient, suivant l'expression de M. l'avocat-général, l'avertir de ceux qu'il allait exciter chez les autres, il devait être bien tranquille; il n'a jamais écrit avec plus de conviction du bien qu'il pouvait faire.

Dès à présent, du moins, il éprouve une satisfaction; c'est de voir son libraire absous de l'accusation par l'accusateur même (1). Il a la consolation de ne lui avoir causé aucun tort. On l'absout par la présomption qu'il n'a peut-être pas lu le livre. Il aurait pu le lire sans danger : car il est d'une nature si élevée, que quiconque serait

(1) M. l'avocat-général a déclaré retirer son accusation contre M. Béchet.

assez habile pour y découvrir du mal, serait en même temps assez fort pour s'en préserver.

On attaque ses doctrines, et l'on est forcé du moins de respecter sa personne et son caractère.

Élevé dans le sein de cette Église qui dut sa plus belle existence au soin qu'elle eût toujours de garder ses franchises et ses libertés, la réputation constitutionnelle de M. de Pradt date de l'époque où il fut élu membre de l'Assemblée constituante, de cette assemblée dont il semble encore aujourd'hui qu'il suffise d'avoir été membre, pour être, par cela seul, un homme distingué.

Ami de son pays, mais inébranlable défenseur de sa foi, il fut déporté en 1792 pour avoir refusé de souscrire à des réformes que sa conscience n'approuvait point.

Après dix ans d'exil et de dépouillement, dans un état de dénûment rendu plus complet par son refus constant d'accepter ni secours, ni pension de l'étranger, M. de Pradt revint en France en 1801, aussitôt après que le Concordat eût fait rentrer l'Église dans l'État, et raffermi la religion sur des bases également avouées par le Sacerdoce et l'Empire.

En 1805, il fut promu à l'évêché de Poitiers, et en 1808, à l'archevêché de Malines.

Mais en 1814, ce siége ayant cessé de faire partie de l'Empire, M. de Pradt n'hésita pas à rentrer lui-même dans les limites nouvellement assignées à la France ; satisfait de conserver sa foi, sa patrie, ses opinions, et le caractère sacré dont il est inséparablement revêtu.

Au jour de la restauration, M. de Pradt fut admis à l'assemblée des Souverains où cette grave *question* fut agitée ; et il y aurait de l'ingratitude à méconnaître que la part qu'il prit à ce grand évènement, lui a acquis le droit d'en parler.

Depuis ce temps, resté constamment éloigné des affaires, M. de Pradt n'a pas regardé sa mission comme finie. Il s'est signalé par des écrits où les traits de l'imagination la plus vive viennent animer les conseils de la raison la plus éclairée. Plein du passé, il ne s'en constitue pas le froid historien ; il transporte tout dans l'âge actuel ; il vit, il s'avance avec son siècle ; le présent peut à peine le contenir; non content de marcher avec les évènemens contemporains, il les devance quelquefois plutôt qu'il ne les suit ; et dans les deux mondes aujourd'hui, l'existence de plusieurs gouvernemens constitutionnels atteste de la manière la plus éclatante, qu'il ne s'était point trompé en prédisant comme assurée, la chute prochaine des gouvernemens absolus, et le triomphe des nouveaux intérêts.

Tant d'ouvrages publiés depuis quelques années, sur la politique de la France, sur celle de l'Europe, et je puis dire sur celle du monde entier, n'avaient excité que l'admiration des peuples, pour la sagacité de l'auteur et son étonnante fécondité ; les Colonies, les Congrès, les Concordats, l'Espagne, tout avait été traité par lui, sans qu'aucune autorité parût en prendre ombrage.

Pourquoi son dernier ouvrage, également bien accueilli dans le monde, a-t-il donc excité, par prédilection, l'inquiète sollicitude du ministère public ?

L'auteur était-il au-dessous de son sujet ? Celui qui avait parlé des intérêts et de la constitution de tant de peuples divers, était-il hors d'état d'écrire sur une loi particulière, portée dans son propre pays après une discussion publique et solennelle, et long-temps prolongée ?

Qu'a donc de particulier cette loi des élections, qu'on ne puisse aujourd'hui raconter comment elle s'est faite, ni entreprendre d'en expliquer le mécanisme, sans aussitôt courir le risque d'être traduit devant la Cour d'assises ?

Ah ! j'en trouverai facilement la raison dans le *malaise* qui suit toujours le changement irréfléchi des lois ; et si dans la cause d'un archevêque, il m'était permis, à l'exemple des orateurs sacrés, de prendre dans l'Ecriture un texte convenable au sujet de ce discours, et à la situation où nous nous trouvons, je m'écrierais avec le prophète Isaïe : *Hæc omnia fiunt, quia transgressi sunt legem, mutaverunt jus, et dissipaverunt fœdus sempiternum.* Toutes ces choses arrivent, parce qu'ils ont transgressé les lois, changé sans motif le droit existant, et qu'ils se sont joués du pacte d'alliance !

Pour apprécier cette accusation, Messieurs, il ne faut pas considérer l'accusation seule ; il faut voir l'homme entier, le livre entier, ses principes et ses doctrines. Ma tâche est de vous les faire connaître à fond ; et quand vous en serez bien pénétrés, vous verrez alors si l'accusation portée isolément contre quelques phrases détachées, peut se soutenir un instant ; vous jugerez aisément si c'est dans l'intérêt de la société, dans l'intérêt des lois, dans l'intérêt de la morale, et j'ose dire de la pudeur publique (1), qu'on a cru prudent de traduire un archevêque sur le banc des accusés.

L'ouvrage de M. de Pradt a été composé loin

---

(1) Surtout lorsqu'on saura que cette cause a été appelée immédiatement après celle d'une fille publique appelée *la Coquette*, prévenue d'avoir proféré des *cris séditieux* dans un *corps-de-garde*.

de Paris, pendant que la loi actuelle des élections se discutait, ou si l'on veut, se disputait encore. Avant qu'elle fût portée, le manuscrit était déjà chez l'imprimeur.

Accoutumé à pressentir les résultats, l'auteur n'avait pas besoin d'attendre l'issue de cette lutte pour écrire; les causes étaient connues, elles suffisaient pour lui révéler les effets.

Bientôt, Messieurs, vous saurez si M. l'archevêque de Malines a bien ou mal apprécié notre situation politique, et vous conviendrez que s'il est accusé, c'est moins pour s'être trompé que pour avoir déplu.

Aussi bien, il n'a point cherché à plaire; il disait la vérité, et il ne pouvait ignorer que la vérité surtout offense... ceux qui n'ont pas la force de l'entendre, ni le bon esprit d'en profiter....

L'ouvrage de M. de Pradt est précédé d'un *Avant-Propos*. Supérieur aux critiques comme aux accusations, il y peint à grands traits, en traits ineffaçables, parce qu'ils sont ressemblans, l'Aristocratie *de France et celle de l'Europe.*

Analysons en peu de mots cette première partie de son livre.

« Voilà le vrai mot, dit-il, de l'affaire des élections. La loi n'est qu'un *fait particulier* dans le *sujet général* qu'elle a ramené sur la scène; ce sujet est l'état même de la société dans *l'Europe* et dans le reste du *monde*.

» Il ne faut pas s'y méprendre, celui-ci change de face; c'est ce changement qu'un parti repousse, parce qu'il n'y trouve pas son compte.

» Il n'y a qu'une question en Europe, celle du *contrat social*, qui s'agite aujourd'hui partout.

» Le contrat social et la disposition des pouvoirs de la société, distribués par sa délégation propre, dans son intérêt à elle.

» L'aristocratie résiste à cette distribution, refuse la délégation et soutient que les pouvoirs de la communauté sont sa *propriété native;*...... c'est-là son dogme favori, sa croyance, sa *théologie sacrée*.

» La loi du 5 février 1817, consacrant le principe du pacte social, avait rappelé l'aristocratie au corps de la société; c'est ce qui l'a transportée de haine contre cette loi. Elle consacrait l'égalité, l'aristocratie la repousse; comment supporterait-elle l'idée d'une réunion? *elle vit de séparation*.

» Par la nouvelle loi, l'aristocratie est retournée à son poste, sa séparation du corps social et la recréation d'une *place à part* dans l'association générale, c'est-à-dire d'un *privilége à son profit*.

» Cette recréation faisait l'objet de ses vœux, et fait aujourd'hui celui de ses joies et de ses triomphes. Elle commence à jouir de ce qu'elle n'a cessé de désirer.

» Tout est lié dans ses idées : à la restauration royale, elle a toujours voulu joindre la sienne propre.

» L'absence de la royauté des Bourbons fut pour elle un temps d'éclipse; la présence d'une autre royauté créait une aristocratie parallèle à la sienne. Le retour des Bourbons lui présentait la perspective du retour à ses anciens postes : c'était pour elle le retour de la captivité de Babylone. Mais elle n'entendait pas que cette restauration fût complète pour le trône et ne le fût point pour elle, et lorsqu'elle a vu que les choses se passaient ainsi, on lui a entendu dire, qu'elle aussi était légitime. »

Dans Napoléon, ce n'était pas l'usurpation que l'aristocratie détestait; mais le cortége de l'usurpation, c'est-à-dire ces principes et ce peuple d'*égalitaires* au milieu desquels cette royauté nouvelle lui commandait de se mêler.

Napoléon abattu, l'aristocratie fit effort pour se replacer; « voyez comme tous se montrèrent, » le même jour, *aux postes qu'ils avaient occu-* » *pés il y a 25 ans!* » La Charte arrêta l'invasion et borna l'aristocratie à la Chambre des Pairs... Mais tous ceux des nobles qui n'y purent entrer, restaient sans place et *dans l'état où les avait mis la révolution*. Ils ont donc dû ne rien négliger pour sortir de l'*annulation* dans laquelle le nouvel ordre les plongeait ; et pour cela, ils ont dû chercher à *s'emparer de la Chambre des Députés*, comme moyen principal et direct de pouvoir, et comme moyen d'arriver par elle à toute l'administration de l'État, c'est-à-dire, à y occuper la place que l'aristocratie recherche toujours, qui est la *première*.

Ce que l'aristocratie vient de faire, elle le fera toujours ; elle a dû le faire, parce qu'elle est l'aristocratie... C'est dans sa nature (1).

Arrêtée dans sa marche par l'ordonnance du 5 septembre et par la loi d'élection, après avoir passé trois ans à frémir autour de ces barrières, elle vient de les renverser, elle vient d'*enfoncer les deux portes par lesquelles on l'avait fait sortir*.

C'est là le *fond des choses*...

En parlant ainsi, M. de Pradt est loin de vouloir accuser l'*aristocratie*, il regrette même

---

(1) Ceux qui haïssent les aristocrates, à leur place, feraient tout comme eux. (P. xviij.)

d'avoir vû reparaître ce mot qui porte sur des
» classes qui ont toujours été et qui seront tou-
» jours pour lui un sujet de haute considération
» et de sincère affection : classes d'ailleurs aux-
» quelles il appartient lui-même à double titre. »

Mais, dit-il, c'est un *chapitre de droit public* que je fais.

Ici M. l'Archevêque de Malines déroule aux yeux du lecteur un tableau animé des efforts de l'aristocratie dans les deux mondes, pour conserver ou pour ressaisir le pouvoir.

Il montre cette question qui agita Rome pendant 500 ans, devenue aujourd'hui la question universelle. Ce que Spartacus tenta pour Rome, le monde entier le tente aujourd'hui. « La société tout entière a pris la place des anciens esclaves; elle réclame son affranchissement. »

Tous les faubourgs Saint-Germain de l'Europe sont en présence avec le reste de ses habitans. (Rire général.)

C'est ce combat qui fait le tumulte de l'Europe.

Mais la résistance de l'aristocratie est vaine, « l'Europe savante a déclaré qu'elle laissait à la stupide Égypte d'adorer des animaux. »

L'aristocratie n'a plus ses anciens moyens de domination, et cependant elle veut dominer encore. Dépourvue de ces moyens, elle prétend reconquérir une prépondérance qu'elle n'a pas su conserver lorsqu'elle en jouissait dans toute leur plénitude.

Ici l'auteur se demande comment-elle espère y parvenir?

A-t-elle un but? — Oui, c'est le pouvoir.

A-t-elle un plan? — Oui, le retour à 1815.

» Donnez-nous les hommes après les lois, a dit
» un des chefs du parti. M. de Châteaubriand,
» qui est *son premier évangéliste*, a tracé le reste
» du plan, avoué publiquement par le parti,
» dans le sein même de l'assemblée, qui s'unis-
» sait hautement d'intention à tout ce qu'en li-
» sait M. le général Foi. »

Quant aux moyens d'exécution, « l'aristocratie a pris son point de départ de la *Cour* qui lui ap-

www.ingramcontent.com/pod-product-compliance
Ingram Content Group UK Ltd.
Pitfield, Milton Keynes, MK11 3LW, UK
UKHW022114190726
13855UKWH00002B/845